2017

中国火炬统计年鉴

CHINA TORCH STATISTICAL YEARBOOK

科技部火炬高技术产业开发中心 编

Edited By
Torch High Technology Industry
Development Center
Ministry of Science & Technology

中国统计出版社
China Statistics Press

图书在版编目（CIP）数据

中国火炬统计年鉴. 2017 : 汉英对照 / 科技部火炬高技术产业开发中心编. -- 北京 : 中国统计出版社, 2017.9

ISBN 978-7-5037-8317-3

Ⅰ. ①中… Ⅱ. ①科… Ⅲ. ①高技术产业－统计资料－中国－2017－年鉴－汉、英 Ⅳ. ①F279.244.4-54

中国版本图书馆 CIP 数据核字(2017)第 219381 号

2017 中国火炬统计年鉴

作　　者/科技部火炬高技术产业开发中心
责任编辑/李　冲
封面设计/李雪燕
出版发行/中国统计出版社
通信地址/北京市丰台区西三环南路甲 6 号　邮政编码/100073
电　　话/邮购（010）63376909　书店（010）68783171
网　　址/http://www.zgtjcbs.com
印　　刷/北京联兴盛业印刷股份有限公司
经　　销/新华书店
开　　本/880×1230mm　1/16
字　　数/350 千字
印　　张/12.25
版　　别/2017 年 9 月第 1 版
版　　次/2017 年 9 月第 1 次印刷
定　　价/180.00 元

如有印装错误，由本社发行部负责调换。

《2017 中国火炬统计年鉴》
CHINA TORCH STATISTICAL YEARBOOK-2017

编辑委员会
Editorial Board

编者说明

《2017中国火炬统计年鉴》是由科技部火炬高技术产业开发中心编撰的反映中国火炬计划、技术市场、全国生产力促进中心等相关内容的统计资料书。全书收录了全国各省、直辖市、自治区、计划单列市及副省级城市科技部门和各国家高新区以及苏州工业园区2016年度的相关火炬统计数据。

全书内容分十一个部分。第一部分为国家高新技术产业开发区内企业的情况；第二部分为全国高新技术企业的情况；第三部分为科技企业孵化器的情况；第四部分为众创空间的情况；第五部分为国家大学科技园的发展情况；第六部分为火炬计划软件产业基地的发展情况；第七部分为火炬特色产业基地的发展情况；第八部分为创新型产业集群的发展情况；第九部分为全国技术市场发展情况；第十部分为全国生产力促进中心的发展情况；第十一部分为主要指标解释。

2015年，在国务院的指导下，科技部印发了《发展众创空间工作指引》，大力推动众创空间的建设，为创业者提供全要素、便利化、开放式的新型创业公共服务平台。为及时反应双创工作的发展情况，本年鉴增加了众创空间发展情况部分，以更全面的监测反应双创工作的进展情况。此外，本年鉴在指标选取上进行了优化完善，在高新区企业部分增加了各省高新区企业发展情况，在高新区企业和高新技术企业部分增加了按企业注册类型和大中小企业划型标准分类的企业发展情况内容。

本书所涉及东部、中部、西部和东北地区的具体划分为：

东部地区：包括北京、天津、河北、上海、江苏、浙江、福建、山东、广东和海南等10个省市；中部地区：包括山西、安徽、江西、河南、湖北和湖南等6个省市；西部地区：包括内蒙古、广西、重庆、四川、贵州、云南、西藏、陕西、甘肃、青海、宁夏和新疆等12个省市；东北地区：包括辽宁、吉林和黑龙江等3个省。

本书中使用的符号："空格"表示该项统计指标数据不足本表最小单位数、数据不详或无该数据；"#"表示其中的主要项；"/"表示数据未提供，"*"或"①"表示本表下有注解。

本书中因小数取舍而产生的误差均未做配平处理。

EDITOR'S NOTES

2017 China Torch Statistical Yearbook is prepared by Torch High Technology Industry Development Center. The yearbook, which covers related data of provinces, deputy provincial level cities and cities listed independently in the state plan, National High Technology Industrial Development Zones, and Suzhou Industrial Park of the year 2016, reports on the development status of China Torch Program, China's Technology Market and Productivity Promotion Centers.

The Yearbook contains the following eleven parts: 1.Development of National High Technology Industrial Development Zones (Hi-tech Zones) and its tenants; 2.Development of High Technology Enterprises; 3.Development of Technology Business Incubators; 4. Development of Mass Maker Spaces; 5. Development of National University Science Parks; 6. Development of Torch Program Software Industrial Bases; 7.Development of Torch Program Specialized Industrial Bases; 8.Development of Innovative Industrial Clusters; 9. Development of Technology Market; 10. Development of Productivity Promotion Centers; 11.Explanatory Notes of Indicators.

In 2015， under the guidance of the State Council, the Ministry of Science and Technology issued "the Work Guideline for Development of Mass Maker Space" to promote the development of "mass maker space" which is a new type of public platform to provide comprehensive, convenient and open source services to entrepreneurs. To keep track of this new development, this yearbook includes the statistics of mass maker spaces to better monitor the progress of mass innovation and entrepreneurship in China. Besides, this yearbook makes some optimization in terms of indicator selection, including the addition of data concerning tenant companies of Hi-tech Development Zones of each province, data concerning tenant companies of Hi-tech Development Zones and Hi-tech Enterprises in terms of business registration types and in terms of scale of companies, etc.

Eastern region, central region, western region and northeastern region in the Yearbook are divided as following:

Eastern region include 10 provinces (municipalities): Beijing, Tianjin, Hebei, Shanghai, Jiangsu, Zhejiang, Fujian, Shandong, Guangdong and Hainan； Central region include 6 provinces: Shanxi, Anhui, Jiangxi, Henan, Hubei and Hunan; Western region include 12 provinces (autonomous regions and municipalities): Inner Mongolia, Guangxi, Chongqing, Sichuan, Guizhou, Yunnan, Tibet, Shaanxi, Gansu, Qinghai, Ningxia and Xinjiang; Northeastern region include 3 provinces: Liaoning, Jilin and Heilongjiang.

Symbols used in this Yearbook: "blank space" indicates that the figure is not large enough to be measured with the smallest unit in the table, or data unknown, or not available; "#" indicates the major items of the total; "/" indicates that data are not available； and "*" or "①" indicates footnotes at the end of the table.

Statistical discrepancies due to rounding are not adjusted in the Yearbook.

目　录

Contents

第一部分　国家高新技术产业开发区

THE FIRST PART　NATIONAL HIGH TECHNOLOGY INDUSTRIAL DEVELOPMENT ZONES （NATIONAL HI-TECH ZONES）

第二部分 全国高新技术企业
THE SECOND PART HIGH TECHNOLOGY ENTERPRISES IN CHINA

第三部分 科技企业孵化器
THE THIRD PART TECHNOLOGY BUSINESS INCUBATORS (TBIS)

第四部分　众创空间
THE FOURTH PART　MASS MAKER SPACES

第五部分　国家大学科技园
THE FIFTH PART　NATIONAL UNIVERSITY SCIENCE PARKS

第六部分　火炬计划软件产业基地
THE SIXTH PART　TORCH PROGRAM SOFTWARE INDUSTRIAL BASES

第七部分 火炬特色产业基地
THE SEVENTH PART TORCH SPECIALIZED INDUSTRIAL BASES

第八部分 创新型产业集群
THE EIGHTH PART INNOVATIVE INDUSTRIAL CLUSTERS

第九部分 全国技术市场
THE NINTH PART TECHNOLOGY MARKET IN CHINA

第十部分 全国生产力促进中心
THE TENTH PART PRODUCTIVITY PROMOTION CENTERS (PPCS) IN CHINA

第十一部分 主要指标解释
THE ELEVENTH PART EXPLANATORY NOTES ON MAIN INDICATORS

第一部分

国家高新技术产业开发区

The First Part

National High Technology Industrial Development Zones (National Hi-tech Zones)

1-1 高新区企业主要经济指标①

Main Economic Indicators of Enterprises in National Hi-tech Zones

年 份 Year	国家高新区数② (个) Number of National S & T Industrial Parks (unit)	入统企业数 (个) Number of Enterprises to Collect Data (unit)	年末从业人员 (万人) Year End Number of Employees (10000 person)	营业收入③ (亿元) Total Income (100 million yuan)	工业总产值 (亿元) Gross Industrial Output Value (100 million yuan)	净利润 (亿元) Net Profit (100 million yuan)	上缴税额 (亿元) Taxes Submitted (100 million yuan)	出口创汇 (亿美元) Export (100 million USD)
1995	52	12980	99.1	1529.0	1402.6	107.4	69.0	29.3
1996	52	13722	129.1	2300.3	2142.3	140.5	97.7	43.0
1997	53	13681	147.5	3387.8	3109.2	206.6	143.3	64.8
1998	53	16097	183.7	4839.6	4333.6	256.2	220.8	85.3
1999	53	17498	221.0	6775.0	5944.0	398.7	338.6	119.0
2000	53	20796	250.9	9209.3	7942.0	597.0	460.2	185.8
2001	53	24293	294.3	11928.4	10116.8	644.6	640.4	226.6
2002	53	28338	348.7	15326.4	12937.1	801.1	766.4	329.2
2003	53	32857	395.4	20938.7	17257.4	1129.4	990.0	510.2
2004	53	38565	448.4	27466.3	22638.9	1422.8	1239.6	823.8
2005	53	41990	521.2	34415.6	28957.6	1603.2	1615.8	1116.5
2006	53	45828	573.7	43320.0	35899.0	2128.5	1977.1	1361.0
2007	54	48472	650.2	54925.2	44376.9	3159.3	2614.1	1728.1
2008	54	52632	716.5	65985.7	52684.7	3304.2	3198.7	2015.2
2009	56	53692	810.5	78706.9	61151.4	4465.4	3994.6	2007.2
2010	83	55243	960.3	105917.3	84318.2	6855.4	5446.8	2648.0
2011	88	57033	1073.6	133425.1	105679.6	8484.2	6816.7	3180.6
2012	105	63926	1269.5	165689.9	128603.9	10243.2	9580.5	3760.4
2013	114	71180	1460.2	199648.9	151367.6	12443.6	11043.1	4133.3
2014	115	74275	1527.2	226754.5	169936.9	15052.5	13202.1	4351.4
2015	146	82712	1719.0	253662.8	186018.3	16094.8	14240.0	4732.7
2016	146	91093	1805.9	276559.4	196838.7	18535.1	15609.3	4389.5

注：①本年鉴中高新区企业的各项指标指纳入火炬统计的高新区内企业的各项指标。
②苏州工业园区于2006年开始参加国家高新区创新活动，纳入火炬统计，但是苏州工业园数据在本年鉴中单列，此列国家高新区数不包含苏州工业园区。
③2014年进一步规范了报表制度指标及定义，增加了“营业收入”的指标，取消了“总收入”的指标。此列2014年以前所列数据为企业“总收入”汇总数据。

1-2 高新区企业主要经济指标(按地区分类)

Main Economic Indicators of Enterprises in National Hi-tech Zones by Region

地区 Region	国家高新区数(个) Number of National S & T Industrial Parks (unit)	工商注册企业数(个) Number of Registered Enterprises (unit)	入统企业数(个) Number of Enterprises to Collect Data (unit)	高新技术企业数(个) Number of Hi-tech Enterprises (unit)	年末从业人员(人) Year End Number of Employees (person)	营业收入(千元) Operatng Revenue (1000 yuan)	工业总产值(千元) Gross Industrial Output Value (1000 yuan)
合　计 Total	**146**	**1405173**	**91093**	**38841**	**18059323**	**27655938864**	**19683872466**
东部地区 Eastern Region	64	865125	56930	27781	10548695	16042822281	10186465463
中部地区 Middle Region	33	185592	14475	5449	3354716	5405660279	4649991637
西部地区 Western Region	33	289072	14017	4537	3004493	4470665909	3458416413
东北地区 Northeast Region	16	65384	5671	1074	1151419	1736790395	1388998952
北　京 Beijing	1	398845	19869	11614	2482615	4604761817	993771046
天　津 Tianjin	1	10790	4005	1360	372824	717775423	466569927
河　北 Hebei	5	26688	1499	411	298283	402631190	309228237
山　西 Shanxi	2	7780	1204	343	170240	219494547	185950737
内蒙古 Inner Mongolia	2	6783	571	76	150048	174907688	125964943
辽　宁 Liaoning	8	35487	2407	664	450136	543209255	327406159
吉　林 Jiling	5	17741	2354	163	466679	768599603	740212510
黑龙江 Heilongjiang	3	12156	910	247	234604	424981537	321380283
上　海 Shanghai	2	37271	4359	2898	935268	1597126172	1009259044
江　苏 Jiangsu	15	157884	7988	2934	1733976	2435414761	2197176052
浙　江 Zhejiang	8	85086	4219	1479	852298	1139747133	775287138
安　徽 Anhui	4	19890	1851	1051	402674	725019489	638577699
福　建 Fujian	7	11127	1975	890	525754	595682808	594194067
江　西 Jiangxi	7	13888	1366	327	374536	618241091	579411129
山　东 Shandong	13	82723	4420	1265	1206170	1757220362	1478509750
河　南 Henan	7	43880	2225	588	661836	887732745	751606666
湖　北 Hubei	7	76834	5613	2225	1138227	1973527161	1597699251
湖　南 Hunan	6	23320	2216	915	607203	981645245	896746154
广　东 Guangdong	11	53383	8437	4851	2107042	2755485099	2325393224
广　西 Guangxi	4	37410	1558	628	476985	591163784	520869905
海　南 Hainan	1	1328	159	79	34465	36977517	37076978
重　庆 Chongqing	2	37477	1265	494	281182	298137857	265298383
四　川 Sichuan	7	101290	2840	1259	679391	908544701	787160442
贵　州 Guizhou	1	11967	733	268	268376	304233950	218225915
云　南 Yunnan	2	13816	384	209	92722	269211524	171292362
西　藏 Tibet							
陕　西 Shaanxi	7	58190	5075	1208	677211	1339087497	1067544220
甘　肃 Gansu	2	5912	751	175	188013	257842575	154263016
青　海 Qinghai	1	573	88	33	14732	10821113	15957654
宁　夏 Ningxia	2	465	144	11	34547	37220440	39254667
新　疆 Xinjiang	3	15189	608	176	141286	279494782	92584906

注： 2016年报表制度进行了调整，出口的单位由千美元改为千元，后同。

1-2 续表 continued

地区	Region	净利润（千元）Net Profit (1000 yuan)	上缴税费（千元）Taxes Submitted (1000 yuan)	出口总额（千元）Export (1000 yuan)	年末资产（千元）Year End Assets (1000 yuan)	年末负债（千元）Year End Liabilities (1000 yuan)
合　计	**Total**	**1853509509**	**1560927332**	**2914608699**	**39736441312**	**22723885506**
东部地区	Eastern Region	1176779265	852825342	1987339844	24223324609	13495861470
中部地区	Middle Region	315033859	253972612	528905798	6464313261	3846431504
西部地区	Western Region	241060519	304508098	301444990	7102858675	4295530689
东北地区	Northeast Region	120635866	149621281	96918066	1945944767	1086061843
北　京	Beijing	317028735	231409674	174703999	9782459897	5595673073
天　津	Tianjin	56580033	25572147	48975972	1007993039	610950869
河　北	Hebei	27214955	23278106	12634366	518440388	296458921
山　西	Shanxi	4665130	6448604	1584684	397145241	289169873
内蒙古	Inner Mongolia	12184756	9571477	1923467	189380658	110839274
辽　宁	Liaoning	31323553	29818922	45548949	856304569	463786483
吉　林	Jiling	65286888	91736993	41870578	655887954	351874358
黑龙江	Heilongjiang	24025424	28065366	9498540	433752243	270401003
上　海	Shanghai	167320853	93306485	201818816	2643686348	1225975146
江　苏	Jiangsu	166332484	130345134	491376758	2606827420	1395222946
浙　江	Zhejiang	88876468	71893108	121231748	1469915429	796821929
安　徽	Anhui	54652359	56962126	61031297	982615743	544592059
福　建	Fujian	35710592	24163458	146837437	529271278	276056283
江　西	Jiangxi	28545871	32317149	43785159	591533487	283060146
山　东	Shandong	113993916	109212825	176644676	2005020742	1184829048
河　南	Henan	52344302	34535049	211334900	1053866634	670514344
湖　北	Hubei	122601116	82284625	123101150	2070954731	1222476342
湖　南	Hunan	52225082	41425058	88068608	1368197424	836618739
广　东	Guangdong	201472094	139531569	611249932	3601023734	2088125981
广　西	Guangxi	37946784	25474726	33728046	796140079	493027557
海　南	Hainan	2249135	4112836	1866139	58686334	25747275
重　庆	Chongqing	22004413	11751703	25735708	340485251	182897355
四　川	Sichuan	45342380	37595184	127070343	1173317020	750504727
贵　州	Guizhou	18008126	32647242	7991381	914572156	553517282
云　南	Yunnan	-5185526	55241442	1704690	426827392	221231805
西　藏	Tibet					
陕　西	Shaanxi	87026336	100609738	96427881	2210942059	1431845834
甘　肃	Gansu	14400171	20124893	1713832	502368435	305144914
青　海	Qinghai	416110	309634	44521	21928962	8113826
宁　夏	Ningxia	1530921	1063400	2866394	73340177	35079428
新　疆	Xinjiang	7386047	10118658	2238727	453556487	203328688

1-3 各高新区企业主要经济指标

Main Economic Indicators of Enterprises in National Hi-tech Zones

地区	Region	工商注册企业数（个）Number of Registered Enterprises (unit)	入统企业数（个）Number of Enterprises to Collect Data (unit)	高新技术企业数（个）Number of Hi-tech Enterprises (unit)	年末从业人员（人）Year End Number of Employees (person)	营业收入（千元）Operatng Revenue (1000 yuan)	工业总产值（千元）Gross Industrial Output Value (1000 yuan)
合　计	**Total**	**1405173**	**91093**	**38841**	**18059323**	**27655938864**	**19683872466**
北京中关村	Beijing Zhongguancun	398845	19869	11614	2482615	4604761817	993771046
天津滨海	Tianjin Binhai	10790	4005	1360	372824	717775423	466569927
石家庄	Shijiazhuang	8561	762	205	119325	171273876	104033340
唐　山	Tangshan	2889	184	50	16573	9416828	9406408
保　定	Baoding	6649	291	96	114303	147686073	133417979
承　德	Chengde	1609	42	16	12064	14953076	13478671
燕　郊	Yanjiao	6980	220	44	36018	59301336	48891838
太　原	Taiyuan	5200	1110	309	119348	193075947	161687102
长　治	Changzhi	2580	94	34	50892	26418600	24263635
呼和浩特	Hohhot	423	26	6	59228	63678332	16106257
包　头	Baotou	6360	545	70	90820	111229356	109858685
沈　阳	Shenyang	16683	727	164	109696	119703672	54768854
大　连	Dalian	9881	881	344	180671	184493785	89411688
鞍　山	Anshan	2420	284	49	38375	68071899	62634019
本　溪	Benxi	1026	59	22	9343	3629912	3332294
锦　州	Jinzhou	1779	73	30	21379	21005483	19593683
营　口	Yingkou	970	193	23	34260	40087275	42621203
阜　新	Fuxin	2028	141	16	17436	9866665	9897551
辽　阳	Liaoyang	700	49	16	38976	96350565	45146868
长　春	Changchun	7404	852	118	171482	471785824	474526652
长春净月	Changchun Jingyue	6302	796	13	135130	105617927	73340941
吉　林	Jilin	2915	436	18	68126	88841048	85360029
通　化	Tonghua	660	63	11	78556	76122144	80042270
延　吉	Yanji	460	207	3	13385	26232660	26942619
哈尔滨	Harbin	7551	321	132	96524	162870929	97005425
齐齐哈尔	Qiqihaer	255	63	19	25689	12778545	14346360
大　庆	Daqing	4350	526	96	112391	249332063	210028498
上海张江	Shanghai Zhangjiang	36000	4244	2838	913156	1545509264	993854518
上海紫竹	Shanghai Zizhu	1271	115	60	22112	51616908	15404526
南　京	Nanjing	7592	1037	583	249453	439544872	386294877
无　锡	Wuxi	26721	1163	369	247778	335994080	313891137
江　阴	Jiangyin	4030	204	96	93021	149753956	122309228
徐　州	Xuzhou	2360	109	48	40793	84391233	76613274
常　州	Changzhou	21907	1108	362	164026	218251469	203542472
武　进	Wujin	5960	403	145	108299	128014180	100841574
苏　州	Suzhou	26545	1176	404	225468	281250281	267867434
昆　山	Kunshan	24917	771	334	186631	172542724	169614759
常　熟	Changshu	3254	450	99	77048	88903397	86953250
南　通	Nantong	3731	420	125	95920	219760937	158956843
连云港	Lianyungang	2231	104	45	41237	40960759	45416242
盐　城	Yancheng	5831	207	58	54662	60219328	61457828
扬　州	Yangzhou	2125	115	63	37670	47208489	49741446
镇　江	ZhenJiang	12851	409	160	65232	69259412	53368574
泰　州	Taizhou	7829	312	43	46738	99359643	100307113
杭　州	Hangzhou	29719	1950	609	291863	439988692	242578912
萧山临江	Xiaoshan Linjiang	5933	403	70	70975	120798018	113732907
宁　波	Ningbo	19598	544	253	171125	311323834	165221762
温　州	Wenzhou	14809	503	159	108791	48521652	50060655

1-3 续表 1 continued

地 区	Region	净利润（千元）Net Profit (1000 yuan)	上缴税费（千元）Taxes Submitted (1000 yuan)	出口总额（千元）Export (1000 yuan)	年末资产（千元）Year End Assets (1000 yuan)	年末负债（千元）Year End Liabilities (1000 yuan)
合 计	**Total**	**1853509509**	**1560927332**	**2914608699**	**39736441312**	**22723885506**
北京中关村	Beijing Zhongguancun	317028735	231409674	174703999	9782459897	5595673073
天津滨海	Tianjin Binhai	56580033	25572147	48975972	1007993039	610950869
石家庄	Shijiazhuang	10653106	9353190	6564451	248503466	138651703
唐 山	Tangshan	389224	694482	793686	17054843	8442349
保 定	Baoding	13216481	9311937	4805977	172526849	96641268
承 德	Chengde	628456	890971	120498	20304079	12167525
燕 郊	Yanjiao	2327688	3027525	349755	60051152	40556075
太 原	Taiyuan	2600298	5101641	1516205	326554357	246259905
长 治	Changzhi	2064832	1346963	68479	70590885	42909968
呼和浩特	Hohhot	5433316	5776352		45929059	21763046
包 头	Baotou	6751440	3795126	1923467	143451599	89076228
沈 阳	Shenyang	8250909	6937871	3875258	181359803	83855149
大 连	Dalian	9421861	8807200	21387497	369819388	184444535
鞍 山	Anshan	7332336	4821840	2720217	60591697	28906924
本 溪	Benxi	153701	350531	339273	7523068	4357278
锦 州	Jinzhou	1002340	1195030	2298516	29070890	17441066
营 口	Yingkou	1088016	1403756	7826489	65801378	53889090
阜 新	Fuxin	361394	373644	581302	18396742	11043292
辽 阳	Liaoyang	3712996	5929050	6520397	123741603	79849149
长 春	Changchun	44363220	63189744	34498854	380706180	225948637
长春净月	Changchun Jingyue	12409870	5904778	6449267	137643512	68881253
吉 林	Jilin	1626773	13979094	856968	66794550	30657103
通 化	Tonghua	5513069	1545421	37228	45379509	11980458
延 吉	Yanji	1373956	7117955	28261	25364204	14406907
哈尔滨	Harbin	6117335	11248531	6827238	320511319	206804517
齐齐哈尔	Qiqihaer	188781	696769	830022	23817711	14734441
大 庆	Daqing	17719308	16120066	1841280	89423214	48862045
上海张江	Shanghai Zhangjiang	160902533	89795562	198319409	2553853712	1178515715
上海紫竹	Shanghai Zizhu	6418320	3510923	3499407	89832636	47459431
南 京	Nanjing	28358213	30618032	46204849	521207265	283552472
无 锡	Wuxi	22402968	17530015	93292160	368354299	160577067
江 阴	Jiangyin	5111226	5598850	24134600	167267577	88372393
徐 州	Xuzhou	7271147	6565926	2026689	32383002	11070795
常 州	Changzhou	14546784	10965116	40814670	285830447	173475124
武 进	Wujin	10746256	8142139	14780000	219023388	144004668
苏 州	Suzhou	14239331	10260758	147140628	279493890	138967647
昆 山	Kunshan	8758095	6942007	48005107	144828608	77633658
常 熟	Changshu	4358463	4131737	23919874	105761247	59761667
南 通	Nantong	25859148	9980599	33210966	168711771	93381831
连云港	Lianyungang	7983621	5749868	2515937	53786106	17999742
盐 城	Yancheng	6269490	3137338	4603333	28356028	12835863
扬 州	Yangzhou	2945391	2731741	2046744	38861043	18509150
镇 江	ZhenJiang	2377018	2467358	7356435	115845773	72971913
泰 州	Taizhou	5105332	5523650	1324766	77116977	42108955
杭 州	Hangzhou	46656943	28770579	38263713	655722528	352551856
萧山临江	Xiaoshan Linjiang	6181326	7096453	4499070	195808407	138855981
宁 波	Ningbo	16572179	22841601	35362400	271695261	146631161
温 州	Wenzhou	2256929	2532990	4966947	47466060	25071151

1-3 续表 2 continued

地 区	Region	工商注册企业数（个）Number of Registered Enterprises (unit)	入统企业数（个）Number of Enterprises to Collect Data (unit)	高新技术企业数（个）Number of Hi-tech Enterprises (unit)	年末从业人员（人）Year End Number of Employees (person)	营业收入（千元）Operatng Revenue (1000 yuan)	工业总产值（千元）Gross Industrial Output Value (1000 yuan)
嘉 兴	Jiaxing	1416	123	61	52036	53848181	46784762
莫干山	Moganshan	3411	224	64	38216	37234909	36093906
绍 兴	Shaoxing	7831	245	110	54979	49233937	48441516
衢 州	Quzhou	2369	227	153	64313	78797910	72372717
合 肥	Hefei	13705	1074	639	219528	411050814	331767829
芜 湖	Wuhu	1650	255	176	83957	121954468	130375217
蚌 埠	Bengbu	2323	344	145	63061	109470566	112801444
马鞍山慈湖	Ma'anshan Cihu	2212	178	91	36128	82543641	63633209
福 州	Fuzhou	791	188	122	67170	88201298	87903536
厦 门	Xiamen	2509	727	530	182089	228886501	216553732
莆 田	Putian	529	147	23	47943	56049753	55358685
三 明	Sanming	391	110	14	16546	33090908	34152179
泉 州	Quanzhou	2760	213	112	74277	65080488	71607956
漳 州	Zhangzhou	2757	390	65	98608	90959041	93537924
龙 岩	Longyan	1390	200	24	39121	33414819	35080055
南 昌	Nanchang	6011	418	160	127008	242594935	201898181
景德镇	Jingdezhen	1258	175	23	65798	94961908	96843860
新 余	Xinyu	2950	232	41	57148	106220695	106056013
鹰 潭	Yingtan	639	113	25	26507	57406712	57365043
赣 州	Ganzhou	386	119	18	23640	35167252	35331700
吉 安	Ji'an	268	127	23	40490	35540241	35705726
抚 州	Fuzhou	2376	182	37	33945	46349348	46210607
济 南	Jinan	20711	807	359	258606	349933090	223965871
青 岛	Qingdao	5863	330	273	128316	253208402	203078361
淄 博	Zibo	6432	456	106	113426	233055520	220644078
枣 庄	Zaozhuang	2163	140	8	33688	30332696	27907295
黄河三角洲	Huanghe Delta	251	30		4164	27650271	18759102
烟 台	Yantai	6546	282	79	59869	60019523	43293187
潍 坊	Weifang	10985	553	114	156316	193710435	140035305
济 宁	Jining	10271	566	97	172801	223740308	212359905
泰 安	Tai'an	2498	306	51	52171	43552387	43809656
威 海	Weihai	10218	295	106	118420	139355217	139033096
莱 芜	Laiwu	2921	115	21	16792	39002310	41413280
临 沂	Linyi	3518	390	34	69094	134070581	134837804
德 州	Dezhou	346	150	17	22507	29589622	29372809
郑 州	Zhengzhou	32123	727	387	324624	470195447	397622464
洛 阳	Luoyang	3800	667	117	112403	155331623	123442030
平顶山	Pingdingshan	938	43	10	10942	27548774	21238149
安 阳	Anyang	2229	268	19	63510	78029797	60037021
新 乡	Xinxiang	1446	207	23	60777	78786932	76901967
焦 作	Jiaozuo	1554	122	11	41282	44878951	41998948
南 阳	Nanyang	1790	191	21	48298	32961222	30366087
武 汉	Wuhan	47872	3215	1390	548668	1136880356	777852583
宜 昌	Yichang	5040	257	201	112165	191916768	173892716
襄 阳	Xiangyang	10949	808	215	169467	301076886	290946585
荆 门	Jingmen	6476	424	141	102345	124218390	132049772
孝 感	Xiaogan	2993	465	135	88391	116904418	118330311
随 州	Suizhou	2196	130	80	28065	29107249	29860421
仙 桃	Xiantao	1308	314	63	89126	73423094	74766862

1-3 续表 3 continued

地　区	Region	净利润(千元) Net Profit (1000 yuan)	上缴税费(千元) Taxes Submitted (1000 yuan)	出口总额(千元) Export (1000 yuan)	年末资产(千元) Year End Assets (1000 yuan)	年末负债(千元) Year End Liabilities (1000 yuan)
嘉　兴	Jiaxing	7442050	3664921	13357181	78079648	26159386
莫干山	Moganshan	2272973	1717877	8680816	38276531	19778018
绍　兴	Shaoxing	2893794	2266915	10258449	82335357	35554272
衢　州	Quzhou	4600275	3001773	5843173	100531637	52220103
合　肥	Hefei	35091075	42745755	49179381	609320537	338351164
芜　湖	Wuhu	9307132	5581078	5043096	152490727	77553433
蚌　埠	Bengbu	8104566	6305869	2635395	116306207	66529796
马鞍山慈湖	Ma'anshan Cihu	2149586	2329424	4173425	104498272	62157667
福　州	Fuzhou	5264441	2627540	31119244	77124832	38255925
厦　门	Xiamen	11021090	11512353	91880355	213044917	114055985
莆　田	Putian	4757158	821160	3275832	24246010	10540417
三　明	Sanming	628274	616699	387396	20467316	12378092
泉　州	Quanzhou	5307718	2896024	4134821	91921972	43511992
漳　州	Zhangzhou	7359938	4279599	15077539	64629875	35949497
龙　岩	Longyan	1371971	1410083	962249	37836356	21364375
南　昌	Nanchang	12058215	18505410	20308590	262132010	135084595
景德镇	Jingdezhen	2869439	3840517	6311364	101926180	66420319
新　余	Xinyu	4471148	2713835	5096368	125895550	47870003
鹰　潭	Yingtan	2677152	1780298	1201702	38432848	5313482
赣　州	Ganzhou	1609942	741083	2311095	13377604	7216215
吉　安	Ji'an	2269763	1955043	6558339	12225825	4142531
抚　州	Fuzhou	2590212	2780963	1997702	37543470	17013002
济　南	Jinan	21860701	29129091	38545892	477830088	300903281
青　岛	Qingdao	20255099	17128100	37438103	406443609	257868792
淄　博	Zibo	14323525	21473411	17479149	182300158	83773331
枣　庄	Zaozhuang	1520343	645514	896144	19914554	11886800
黄河三角洲	Huanghe Delta	943979	486845	4638	15889739	10349815
烟　台	Yantai	3710746	3084366	4504012	78040309	43466848
潍　坊	Weifang	15207008	14414808	26245857	283773828	195286969
济　宁	Jining	9421660	6858626	14160094	194305581	109346344
泰　安	Tai'an	3856092	2142482	2269859	84589011	53615907
威　海	Weihai	12504555	8198404	24749011	166792989	73337928
莱　芜	Laiwu	1256030	530099	985903	21622659	10999822
临　沂	Linyi	7856518	4178304	7589602	37081076	16729462
德　州	Dezhou	1277660	942775	1776413	36437141	17263751
郑　州	Zhengzhou	20675527	10944333	196511612	665001899	467166165
洛　阳	Luoyang	11879521	11653638	6234731	195528885	116268076
平顶山	Pingdingshan	1103927	850857	115131	21561700	11609071
安　阳	Anyang	4597401	6762195	1731041	58762969	28239442
新　乡	Xinxiang	9914824	2319751	3932314	49062878	14217046
焦　作	Jiaozuo	1752086	510521	100732	21860788	12681247
南　阳	Nanyang	2421015	1493754	2709339	42087515	20333297
武　汉	Wuhan	70603749	49759514	98157016	1394486960	839923579
宜　昌	Yichang	7523242	6052554	6176266	215199245	143057626
襄　阳	Xiangyang	24486322	13513991	5930647	218388385	119743701
荆　门	Jingmen	10956895	5094812	4494124	89384494	45331333
孝　感	Xiaogan	4287494	5870817	2173289	82534608	37150511
随　州	Suizhou	1146967	695207	2712911	27119706	15152111
仙　桃	Xiantao	3596447	1297730	3456898	43841332	22117481

1-3 续表 4 continued

地区	Region	工商注册企业数(个) Number of Registered Enterprises (unit)	入统企业数(个) Number of Enterprises to Collect Data (unit)	高新技术企业数(个) Number of Hi-tech Enterprises (unit)	年末从业人员(人) Year End Number of Employees (person)	营业收入(千元) Operatng Revenue (1000 yuan)	工业总产值(千元) Gross Industrial Output Value (1000 yuan)
长沙	Changsha	15581	1106	624	300129	483737408	429278085
株洲	Zhuzhou	1478	268	123	123608	190852345	181746457
湘潭	Xiangtan	1312	328	49	73010	142093407	126893503
衡阳	Hengyang	3609	137	42	52314	73171028	73627427
益阳	Yiyang	498	322	60	41032	71500239	66065648
郴州	Chenzhou	842	55	17	17110	20290818	19135035
广州	Guangzhou	7655	2868	1816	469592	602422043	390352071
深圳	Shenzhen	9064	1874	1212	485461	620853467	429237436
珠海	Zhuhai	4046	589	360	213921	208344796	222414056
佛山	Foshan	3200	995	615	287748	386660807	380501508
江门	Jiangmen	804	314	115	77467	60118154	60309329
肇庆	Zhaoqing	1276	178	76	54948	87289652	91906762
惠州	Huizhou	12195	392	179	189996	238384116	231336976
源城	Yuancheng	484	105	32	46418	46048868	46764901
清远	Qingyuan	1340	141	56	60097	43304893	35274269
东莞	Dongguan	3500	497	174	83343	255230632	226008847
中山	Zhongshan	9819	484	216	138051	206827670	211287069
南宁	Nanning	19851	746	299	208568	223139050	171761631
柳州	Liuzhou	4707	279	194	105218	214416417	187716914
桂林	Guilin	12454	470	107	133948	94038794	100248545
北海	Beihai	398	63	28	29251	59569522	61142816
海口	Haikou	1328	159	79	34465	36977517	37076978
重庆	Chongqing	36790	1055	431	200392	220330378	185872787
璧山	Bishan	687	210	63	80790	77807479	79425596
成都	Chengdu	83371	1762	984	379478	574390279	422455076
自贡	Zigong	6136	160	40	36878	48149396	50134590
攀枝花	Panzhihua	347	61	16	10588	13673715	21079017
泸州	Luzhou	980	327	48	54836	57940600	45317642
德阳	Deyang	708	200	38	30589	52276125	51905973
绵阳	Mianyang	9188	177	83	121749	120545807	153298886
乐山	Leshan	560	153	50	45273	41568778	42969258
贵阳	Guiyang	11967	733	268	268376	304233950	218225915
昆明	Kunming	11313	309	185	71409	181900372	90179654
玉溪	Yuxi	2503	75	24	21313	87311151	81112708
西安	Xi'an	41124	3882	1034	415344	1003164660	725832144
宝鸡	Baoji	8166	600	111	151451	180359153	190927822
杨凌	Yangling	4047	201	16	27240	19418459	15521512
咸阳	Xianyang	356	83	18	19802	42928809	42788967
渭南	Weinan	829	76	15	26579	36002695	37799289
榆林	Yulin	2153	22	4	14249	30476945	29058096
安康	Ankang	1515	211	10	22546	26736776	25616390
兰州	Lanzhou	5407	564	140	121774	175063163	96974482
白银	Baiyin	505	187	35	66239	82779412	57288534
青海	Qinghai	573	88	33	14732	10821113	15957654
银川	Yinchuan	219	72	2	13428	19807492	23678837
石嘴山	Shizuishan	246	72	9	21119	17412948	15575830
乌鲁木齐	Urumqi	14300	450	132	112295	219621658	35916631
昌吉	Changji	461	138	33	13780	27787192	27428102
新疆兵团	Xinjiang Corps	428	20	11	15211	32085932	29240173

1-3 续表 5 continued

地 区	Region	净利润（千元）Net Profit (1000 yuan)	上缴税费（千元）Taxes Submitted (1000 yuan)	出口总额（千元）Export (1000 yuan)	年末资产（千元）Year End Assets (1000 yuan)	年末负债（千元）Year End Liabilities (1000 yuan)
长 沙	Changsha	33111572	25198950	41175678	810381895	496582869
株 洲	Zhuzhou	10357510	9499179	5821960	295021416	172908517
湘 潭	Xiangtan	3166039	2278311	25672800	136941097	91161176
衡 阳	Hengyang	2864682	1895469	9935392	63652271	40992280
益 阳	Yiyang	2395266	2167819	2644403	37376733	18732188
郴 州	Chenzhou	330014	385330	2818375	24824012	16241708
广 州	Guangzhou	44171225	29165234	75127273	896162867	399314955
深 圳	Shenzhen	74712349	46208029	129474296	1282994488	833743576
珠 海	Zhuhai	19589466	13803457	71787189	361340725	228041907
佛 山	Foshan	29019671	17931554	50729969	308952682	172222529
江 门	Jiangmen	3904629	2724662	15870354	67056821	27474547
肇 庆	Zhaoqing	2824234	1364091	4575027	65054168	33897285
惠 州	Huizhou	9300424	12432658	126692012	207615769	117998826
源 城	Yuancheng	1227067	1448247	9965499	32796612	20130708
清 远	Qingyuan	2314427	1747859	4319720	67871765	50230984
东 莞	Dongguan	6884494	5964319	64530888	157735770	119686604
中 山	Zhongshan	7524109	6741460	58177705	153442068	85384060
南 宁	Nanning	17734105	8575133	15825458	508331871	309520820
柳 州	Liuzhou	7308697	11967364	2652653	173304018	124022955
桂 林	Guilin	7369937	4123629	3946025	93666600	49477288
北 海	Beihai	5534044	808600	11303910	20837590	10006493
海 口	Haikou	2249135	4112836	1866139	58686334	25747275
重 庆	Chongqing	17294867	8984590	21864522	309799290	168169188
璧 山	Bishan	4709546	2767113	3871186	30685960	14728167
成 都	Chengdu	33179257	24806319	105395509	833420578	538374117
自 贡	Zigong	2279010	2754712	2760563	58309184	37614863
攀枝花	Panzhihua	-1714023	386849	32559	15008874	12018423
泸 州	Luzhou	2710736	2176190	50804	47374278	30969114
德 阳	Deyang	3600422	1516988	1405750	29977549	17950210
绵 阳	Mianyang	3116290	4131746	13779530	126807049	85881305
乐 山	Leshan	2170690	1822380	3645628	62419508	27696697
贵 阳	Guiyang	18008126	32647242	7991381	914572156	553517282
昆 明	Kunming	-11947124	8506540	1624150	281743582	188202748
玉 溪	Yuxi	6761598	46734902	80540	145083810	33029058
西 安	Xi'an	64508081	72841946	85059382	1809113654	1210426239
宝 鸡	Baoji	7714835	11460711	7385462	169555667	101864956
杨 凌	Yangling	1004521	532586	285991	30737624	18225728
咸 阳	Xianyang	2311072	10198310	986260	29533601	14890597
渭 南	Weinan	3151997	1927175	2626586	52758044	19924379
榆 林	Yulin	4259982	2441462		97657964	56272855
安 康	Ankang	4075849	1207548	84200	21585505	10241079
兰 州	Lanzhou	14062930	17445341	1302528	397032528	243512435
白 银	Baiyin	337241	2679552	411304	105335907	61632479
青 海	Qinghai	416110	309634	44521	21928962	8113826
银 川	Yinchuan	537325	113004	1659294	37934797	22740914
石嘴山	Shizuishan	993595	950396	1207100	35405379	12338514
乌鲁木齐	Urumqi	2243058	7437013	626120	336463139	131622671
昌 吉	Changji	2860999	951113	1594216	50827705	25222172
新疆兵团	Xinjiang Corps	2281990	1730532	18391	66265643	46483846

1-4 各高新区企业收入情况

Revenue Statistics of Enterprises in National Hi-tech Zones

单位：千元 (1000 yuan)

地　区	Region	营业收入 Operating Revenue	技术收入 Technical Income	产品销售收入 Product Sales Income	商品销售收入 Commodity Sales Income
合　计	**Total**	**27655938864**	**2692823252**	**20509138408**	**2724198367**
北京中关村	Beijing Zhongguancun	4604761817	758037398	1475253834	1452238282
天津滨海	Tianjin Binhai	717775423	43644437	386927240	185625099
石 家 庄	Shijiazhuang	171273876	34007523	111646965	18449314
唐　山	Tangshan	9416828	220128	8582479	372912
保　定	Baoding	147686073	2474987	142002157	569635
承　德	Chengde	14953076	221095	14327878	85023
燕　郊	Yanjiao	59301336	438937	54619382	276495
太　原	Taiyuan	193075947	8018016	178275285	3596269
长　治	Changzhi	26418600	5185	25128547	1099374
呼和浩特	Hohhot	63678332		63132182	21998
包　头	Baotou	111229356	1877102	106035860	1357452
沈　阳	Shenyang	119703672	33478192	61349853	23641741
大　连	Dalian	184493785	29673426	126045560	16321050
鞍　山	Anshan	68071899	5372551	61738803	125200
本　溪	Benxi	3629912	20885	3576614	13619
锦　州	Jinzhou	21005483	13999	18805332	927731
营　口	Yingkou	40087275	29122	40033703	
阜　新	Fuxin	9866665	2451	9784156	
辽　阳	Liaoyang	96350565	2921	44577321	47960876
长　春	Changchun	471785824	4912169	441307546	19226086
长春净月	Changchun Jingyue	105617927	20146983	84738139	671922
吉　林	Jilin	88841048	415824	87978256	46032
通　化	Tonghua	76122144	286	75994189	40309
延　吉	Yanji	26232660	43548	25800650	8652
哈 尔 滨	Harbin	162870929	27523505	128198656	4622084
齐齐哈尔	Qiqihaer	12778545	91487	12202504	328978
大　庆	Daqing	249332063	17778991	230678307	715527
上海张江	Shanghai Zhangjiang	1545509264	189703462	1277602062	19216286
上海紫竹	Shanghai Zizhu	51616908	9529454	30346528	4261227
南　京	Nanjing	439544872	20154672	379658528	21872483
无　锡	Wuxi	335994080	21471212	304950469	2332708
江　阴	Jiangyin	149753956	325692	118979268	1058707
徐　州	Xuzhou	84391233	81209	84145644	105442
常　州	Changzhou	218251469	47201633	168879711	1831097
武　进	Wujin	128014180	1940953	94231649	30001953
苏　州	Suzhou	281250281	11450788	251418889	13136505
昆　山	Kunshan	172542724	1765344	160479807	6760113
常　熟	Changshu	88903397	1384282	86242961	576614
南　通	Nantong	219760937	5652623	205914418	5928392
连 云 港	Lianyungang	40960759	113112	40023295	517632
盐　城	Yancheng	60219328	353055	57993308	1684786
扬　州	Yangzhou	47208489	317993	45931336	18600
镇　江	ZhenJiang	69259412	975096	54514966	4504935
泰　州	Taizhou	99359643	778856	93743973	3876191
杭　州	Hangzhou	439988692	129293012	265015504	31803167
萧山临江	Xiaoshan Linjiang	120798018	319507	111674291	1415491
宁　波	Ningbo	311323834	19230627	184921937	97857267
温　州	Wenzhou	48521652	737869	45617454	287135

1-4 续表 1 continued

单位：千元 (1000 yuan)

地区	Region	营业收入 Operating Revenue	技术收入 Technical Income	产品销售收入 Product Sales Income	商品销售收入 Commodity Sales Income
嘉兴	Jiaxing	53848181	374930	48449349	440908
莫干山	Moganshan	37234909	409781	34705241	1714378
绍兴	Shaoxing	49233937	183526	47935475	432734
衢州	Quzhou	78797910	123542	76577005	629173
合肥	Hefei	411050814	62548204	325818572	2887850
芜湖	Wuhu	121954468	796170	116482648	600127
蚌埠	Bengbu	109470566	2690116	104263969	428329
马鞍山慈湖	Ma'anshan Cihu	82543641	383268	67034194	1037740
福州	Fuzhou	88201298	6486836	78540612	1547887
厦门	Xiamen	228886501	7251942	209875244	7836219
莆田	Putian	56049753	153160	55551688	299813
三明	Sanming	33090908	233	32743227	194673
泉州	Quanzhou	65080488	543021	62653280	879274
漳州	Zhangzhou	90959041	45789	89302884	1153349
龙岩	Longyan	33414819	118074	32719106	222763
南昌	Nanchang	242594935	11412702	224434382	2490579
景德镇	Jingdezhen	94961908	1090549	92968833	455322
新余	Xinyu	106220695	505832	105185700	315536
鹰潭	Yingtan	57406712	30419	57261917	77382
赣州	Ganzhou	35167252	269435	33984798	564984
吉安	Ji'an	35540241	1784	35303772	180275
抚州	Fuzhou	46349348	1106748	44078418	1019018
济南	Jinan	349933090	45886435	297953508	1912524
青岛	Qingdao	253208402	29416713	210676514	2284239
淄博	Zibo	233055520	10165772	215848695	3409615
枣庄	Zaozhuang	30332696	1894	29941219	331697
黄河三角洲	Huanghe Delta	27650271	2446	23879962	3673591
烟台	Yantai	60019523	90529	58988834	179475
潍坊	Weifang	193710435	24440711	165765131	325220
济宁	Jining	223740308	605719	210601243	7971675
泰安	Tai'an	43552387	443703	38183083	819281
威海	Weihai	139355217	14935177	122590253	768981
莱芜	Laiwu	39002310	37499	38082386	630579
临沂	Linyi	134070581	223119	133273167	319037
德州	Dezhou	29589622	14356	28995393	320203
郑州	Zhengzhou	470195447	28871679	434761043	1314212
洛阳	Luoyang	155331623	3066787	148261580	1927986
平顶山	Pingdingshan	27548774		22133307	476834
安阳	Anyang	78029797	675956	65710812	9941730
新乡	Xinxiang	78786932	247863	78459126	2995
焦作	Jiaozuo	44878951	125700	44119416	289448
南阳	Nanyang	32961222	2172073	28502739	1662243
武汉	Wuhan	1136880356	264366817	801187421	65099524
宜昌	Yichang	191916768	2025296	184286597	1265895
襄阳	Xiangyang	301076886	21297733	277899920	181577
荆门	Jingmen	124218390	1649511	120311823	1560756
孝感	Xiaogan	116904418	3775121	112255517	519928
随州	Suizhou	29107249	42656	27702187	879413
仙桃	Xiantao	73423094	966443	71790850	439821

1-4 续表 2 continued

单位：千元 (1000 yuan)

地 区	Region	营业收入 Operating Revenue	技术收入 Technical Income	产品销售收入 Product Sales Income	商品销售收入 Commodity Sales Income
长 沙	Changsha	483737408	34085192	413397611	23005346
株 洲	Zhuzhou	190852345	2476805	170309578	15049887
湘 潭	Xiangtan	142093407	9502854	122364100	2698649
衡 阳	Hengyang	73171028	312149	71882327	23903
益 阳	Yiyang	71500239	4842687	65826463	692541
郴 州	Chenzhou	20290818	113549	19592409	257108
广 州	Guangzhou	602422043	99110896	459892717	29035167
深 圳	Shenzhen	620853467	136315599	432779587	36071372
珠 海	Zhuhai	208344796	3821216	198707894	2102943
佛 山	Foshan	386660807	24042759	351198419	4143246
江 门	Jiangmen	60118154	44718	57985134	667940
肇 庆	Zhaoqing	87289652	12613	86871932	311453
惠 州	Huizhou	238384116	708012	225583115	547973
源 城	Yuancheng	46048868	27813	44697775	20758
清 远	Qingyuan	43304893	982621	36318186	938552
东 莞	Dongguan	255230632	1377617	239252457	4518798
中 山	Zhongshan	206827670	20122814	170411847	13531882
南 宁	Nanning	223139050	29138742	183636021	4719143
柳 州	Liuzhou	214416417	10273827	181752594	7105062
桂 林	Guilin	94038794	6434016	82894551	2910586
北 海	Beihai	59569522	300427	58011247	708257
海 口	Haikou	36977517	1692334	33379883	1325733
重 庆	Chongqing	220330378	23292385	185173981	5138946
璧 山	Bishan	77807479	250757	77039011	164993
成 都	Chengdu	574390279	126414058	433511309	9603515
自 贡	Zigong	48149396	415524	47347356	68884
攀枝花	Panzhihua	13673715	75455	13427891	64293
泸 州	Luzhou	57940600	901950	51608152	4565731
德 阳	Deyang	52276125	275141	51316228	75544
绵 阳	Mianyang	120545807	418307	117225632	901934
乐 山	Leshan	41568778	94931	40498341	579971
贵 阳	Guiyang	304233950	18368148	234754295	24779983
昆 明	Kunming	181900372	15159130	119869909	44243231
玉 溪	Yuxi	87311151	60917	67002535	3756143
西 安	Xi'an	1003164660	89425592	707234554	112301047
宝 鸡	Baoji	180359153	762173	132908537	36057844
杨 凌	Yangling	19418459	2249083	16484965	593494
咸 阳	Xianyang	42928809	97737	40765687	1225615
渭 南	Weinan	36002695	11142	23525570	12390681
榆 林	Yulin	30476945	22906	28624570	1616805
安 康	Ankang	26736776	5735547	10708937	7292691
兰 州	Lanzhou	175063163	10381577	140544779	5796794
白 银	Baiyin	82779412	74762	80635236	890911
青 海	Qinghai	10821113	7456	10780948	25314
银 川	Yinchuan	19807492		19689697	3293
石嘴山	Shizuishan	17412948	158501	16816278	
乌鲁木齐	Urumqi	219621658	9083776	37451836	130593978
昌 吉	Changji	27787192	32610	26282862	76422
新疆兵团	Xinjiang Corps	32085932	9065	22104028	9698825

1-5 各高新区企业人员情况

Personnel Statistics of Enterprises in National Hi-tech Zones

单位：人 (person)

地　区	Region	年末从业人员 Year End Number of Employees	留学归国人员 Returned Overseas Scholars	外籍常驻人员 Foreign P ersonnel in Residence	大专以上 College and Higher Level
合　计	**Total**	**18059323**	**117635**	**57708**	**9895957**
北京中关村	Beijing Zhongguancun	2482615	30197	7153	1846334
天津滨海	Tianjin Binhai	372824	3030	2349	238907
石家庄	Shijiazhuang	119325	510	108	88001
唐　山	Tangshan	16573	44	46	9037
保　定	Baoding	114303	157	311	58418
承　德	Chengde	12064	5		5301
燕　郊	Yanjiao	36018	107	168	14350
太　原	Taiyuan	119348	193	20	74476
长　治	Changzhi	50892	9	1	21387
呼和浩特	Hohhot	59228	68	12	36594
包　头	Baotou	90820	339	33	41983
沈　阳	Shenyang	109696	483	62	70124
大　连	Dalian	180671	4708	927	123822
鞍　山	Anshan	38375	131	17	19757
本　溪	Benxi	9343	18	3	3937
锦　州	Jinzhou	21379	10	16	7965
营　口	Yingkou	34260	113	19	8695
阜　新	Fuxin	17436	7	1	4652
辽　阳	Liaoyang	38976	27	9	14561
长　春	Changchun	171482	1876	766	109101
长春净月	Changchun Jingyue	135130	819	155	103451
吉　林	Jilin	68126	34		40388
通　化	Tonghua	78556	22	1	31755
延　吉	Yanji	13385	11	23	8061
哈尔滨	Harbin	96524	169	9	58560
齐齐哈尔	Qiqihaer	25689	25		11318
大　庆	Daqing	112391	85	135	54525
上海张江	Shanghai Zhangjiang	913156	9635	8043	617316
上海紫竹	Shanghai Zizhu	22112	1801	542	19053
南　京	Nanjing	249453	1266	582	150368
无　锡	Wuxi	247778	4740	3209	137121
江　阴	Jiangyin	93021	359	225	26729
徐　州	Xuzhou	40793	49	14	22329
常　州	Changzhou	164026	1717	1308	84008
武　进	Wujin	108299	367	386	48532
苏　州	Suzhou	225468	1418	1881	101999
昆　山	Kunshan	186631	344	1161	60639
常　熟	Changshu	77048	217	643	25000
南　通	Nantong	95920	366	53	60937
连云港	Lianyungang	41237	72	30	26197
盐　城	Yancheng	54662	138	241	13333
扬　州	Yangzhou	37670	109	40	15563
镇　江	ZhenJiang	65232	99	85	26936
泰　州	Taizhou	46738	218	80	28349
杭　州	Hangzhou	291863	2354	785	223868
萧山临江	Xiaoshan Linjiang	70975	56	132	19273
宁　波	Ningbo	171125	527	143	63771
温　州	Wenzhou	108791	55	34	19783

1-5 续表 1 continued

单位：人 (person)

地区	Region	年末从业人员 Year End Number of Employees	留学归国人员 Returned Overseas Scholars	外籍常驻人员 Foreign Personnel in Residence	大专以上 College and Higher Level
嘉兴	Jiaxing	52036	83	168	14948
莫干山	Moganshan	38216	42	31	10480
绍兴	Shaoxing	54979	66	18	16614
衢州	Quzhou	64313	46	41	20758
合肥	Hefei	219528	5603	1752	123909
芜湖	Wuhu	83957	114	92	34446
蚌埠	Bengbu	63061	234	37	24831
马鞍山慈湖	Ma'anshan Cihu	36128	14	10	15080
福州	Fuzhou	67170	134	128	37001
厦门	Xiamen	182089	1049	770	81182
莆田	Putian	47943	213	209	8546
三明	Sanming	16546	7	4	2076
泉州	Quanzhou	74277	66	109	19559
漳州	Zhangzhou	98608	178	142	18676
龙岩	Longyan	39121	19	8	7248
南昌	Nanchang	127008	1010	209	79247
景德镇	Jingdezhen	65798	215	167	22635
新余	Xinyu	57148	398	221	12675
鹰潭	Yingtan	26507	108	71	6014
赣州	Ganzhou	23640	121	42	6299
吉安	Ji'an	40490	18	10	5337
抚州	Fuzhou	33945	28	1	13265
济南	Jinan	258606	824	374	176317
青岛	Qingdao	128316	452	159	80945
淄博	Zibo	113426	184	49	63521
枣庄	Zaozhuang	33688			7845
黄河三角洲	Huanghe Delta	4164	1	1	2104
烟台	Yantai	59869	120	116	24998
潍坊	Weifang	156316	909	159	91338
济宁	Jining	172801	159	118	61371
泰安	Tai'an	52171	15	21	23464
威海	Weihai	118420	951	666	49184
莱芜	Laiwu	16792	16	30	5722
临沂	Linyi	69094	44	14	12093
德州	Dezhou	22507	13	2	5387
郑州	Zhengzhou	324624	3105	900	182756
洛阳	Luoyang	112403	298	123	65616
平顶山	Pingdingshan	10942	85	6	4276
安阳	Anyang	63510	173	16	28683
新乡	Xinxiang	60777	51	12	20167
焦作	Jiaozuo	41282	54	1	6876
南阳	Nanyang	48298	62	6	22237
武汉	Wuhan	548668	3948	1788	393158
宜昌	Yichang	112165	343	69	48264
襄阳	Xiangyang	169467	312	2370	68377
荆门	Jingmen	102345	179	20	40100
孝感	Xiaogan	88391	123	102	31546
随州	Suizhou	28065	26	5	7149
仙桃	Xiantao	89126	21	43	8547

1-5 续表 2 continued

单位：人 (person)

地 区	Region	年末从业人员 Year End Number of Employees	留学归国人员 Returned Overseas Scholars	外籍常驻人员 Foreign Personnel in Residence	大专以上 College and Higher Level
长 沙	Changsha	300129	1393	647	191280
株 洲	Zhuzhou	123608	411	138	77621
湘 潭	Xiangtan	73010	130	27	36322
衡 阳	Hengyang	52314	43	82	19566
益 阳	Yiyang	41032	412	144	16937
郴 州	Chenzhou	17110	9	12	3722
广 州	Guangzhou	469592	2876	1511	321317
深 圳	Shenzhen	485461	5176	2062	367886
珠 海	Zhuhai	213921	484	438	71287
佛 山	Foshan	287748	1728	796	116290
江 门	Jiangmen	77467	41	95	18194
肇 庆	Zhaoqing	54948	29	301	16199
惠 州	Huizhou	189996	194	494	49616
源 城	Yuancheng	46418	14	48	8740
清 远	Qingyuan	60097	11	155	11868
东 莞	Dongguan	83343	243	182	34348
中 山	Zhongshan	138051	233	858	42583
南 宁	Nanning	208568	232	25	91146
柳 州	Liuzhou	105218	158	41	43013
桂 林	Guilin	133948	129	14	40955
北 海	Beihai	29251	14	69	11475
海 口	Haikou	34465	60	42	15785
重 庆	Chongqing	200392	1361	393	94989
璧 山	Bishan	80790	17	47	13253
成 都	Chengdu	379478	2097	410	276366
自 贡	Zigong	36878	28	50	11141
攀枝花	Panzhihua	10588	3	2	3327
泸 州	Luzhou	54836	10	23	19570
德 阳	Deyang	30589	13	4	10929
绵 阳	Mianyang	121749	54	29	43073
乐 山	Leshan	45273	23	13	10603
贵 阳	Guiyang	268376	171	64	116968
昆 明	Kunming	71409	229	57	39811
玉 溪	Yuxi	21313	34	3	11211
西 安	Xi'an	415344	5476	4630	333124
宝 鸡	Baoji	151451	175	35	70063
杨 凌	Yangling	27240	28	12	9816
咸 阳	Xianyang	19802	35	10	8997
渭 南	Weinan	26579	18	2	10540
榆 林	Yulin	14249	4		9578
安 康	Ankang	22546	6		9480
兰 州	Lanzhou	121774	2249	35	68998
白 银	Baiyin	66239	5		21067
青 海	Qinghai	14732	13	5	6369
银 川	Yinchuan	13428	14	8	2951
石嘴山	Shizuishan	21119	16	11	9773
乌鲁木齐	Urumqi	112295	123	118	53705
昌 吉	Changji	13780	73	195	7065
新疆兵团	Xinjiang Corps	15211	2		7609

1-6 各国家高新区企业R&D活动与科技活动情况

R&D Activities and Science and Technology Activities of Enterprises in National Hi-tech Zones by Region

地 区	region	科技活动人员（人）Personnel Engaged in Science and Technology Activities (person)	R&D人员（人）R&D Personnel (person)	R&D人员全时当量（人年）R&D Personnel Full Time Equivalent (man year)	科技活动经费内部支出（千元）Intramural Expenditures on Science and Technology Activities (1000 yuan)	R&D经费内部支出（千元）Intramural Expenditure on R&D (1000 yuan)
合 计	**Total**	**3385933**	**2056154**	**1283327**	**852494370**	**537988375**
北京中关村	Beijing Zhongguancun	660727	224074	148982	169823160	57456183
天津滨海	Tianjin Binhai	66787	63566	29083	17100175	16286246
石家庄	Shijiazhuang	27504	22258	16991	6218358	5489202
唐 山	Tangshan	3089	1176	438	326968	119189
保 定	Baoding	26232	23148	17444	4860232	4229085
承 德	Chengde	1264	790	309	212053	86213
燕 郊	Yanjiao	2983	1204	504	563968	333256
太 原	Taiyuan	19890	12112	7272	3170023	2313094
长 治	Changzhi	6442	5257	2852	610016	264921
呼和浩特	Hohhot	2444	1967	772	1000331	920755
包 头	Baotou	10686	7953	4939	2381045	1695068
沈 阳	Shenyang	11125	5639	3913	1984673	1105913
大 连	Dalian	31172	19696	10946	5876798	4256018
鞍 山	Anshan	6712	5617	3783	2237532	2108591
本 溪	Benxi	1236	819	410	110209	75591
锦 州	Jinzhou	2314	1133	676	511149	240482
营 口	Yingkou	1952	1580	952	480705	402825
阜 新	Fuxin	1168	857	623	188643	112422
辽 阳	Liaoyang	2838	1804	1194	595416	289693
长 春	Changchun	29730	19837	12171	10925047	7597037
长春净月	Changchun Jingyue	16081	14327	11236	4786889	4612941
吉 林	Jilin	7579	5069	3654	1086162	641217
通 化	Tonghua	2204	1121	761	751381	250312
延 吉	Yanji	245	60	56	77607	4033
哈尔滨	Harbin	14986	11915	8200	3437158	2035163
齐齐哈尔	Qiqihaer	4723	4095	2270	255569	204528
大 庆	Daqing	14785	7317	4761	5831107	3631979
上海张江	Shanghai Zhangjiang	277871	132040	88070	85215612	47005515
上海紫竹	Shanghai Zizhu	8227	4125	3354	3539194	1144678
南 京	Nanjing	67097	41148	25365	14599966	9450977
无 锡	Wuxi	31674	17239	10963	9418673	6254878
江 阴	Jiangyin	9428	6833	5027	4161376	3048190
徐 州	Xuzhou	5697	4260	2965	1836473	1171483
常 州	Changzhou	25027	22906	20180	6046229	5736973
武 进	Wujin	12895	11230	7136	2621063	2306532
苏 州	Suzhou	38658	29142	24050	7572040	5794381

1-6 续表 1 continued

地区 region		科技活动人员（人）Personnel Engaged in Science and Technology Activities (person)	R&D人员（人）R&D Personnel (person)	R&D人员全时当量（人年）R&D Personnel Full Time Equivalent (man year)	科技活动经费内部支出（千元）Intramural Expenditures on Science and Technology Activities (1000 yuan)	R&D经费内部支出（千元）Intramural Expenditure on R&D (1000 yuan)
昆　　山	Kunshan	21504	15679	12341	3638595	2347276
常　　熟	Changshu	6262	4309	3083	2227086	1528630
南　　通	Nantong	9113	6857	4554	6151483	5163313
连 云 港	Lianyungang	7310	4578	3707	2514692	1462657
盐　　城	Yancheng	4009	2986	1518	968708	787104
扬　　州	Yangzhou	5086	3680	2476	814993	606212
镇　　江	ZhenJiang	9724	4872	2346	1674270	839403
泰　　州	Taizhou	3581	2946	1646	1165845	1000652
杭　　州	Hangzhou	90399	56817	43250	27392039	20831099
萧山临江	Xiaoshan Linjiang	5402	2803	1565	1316448	729300
宁　　波	Ningbo	22735	17314	12045	5526969	4324887
温　　州	Wenzhou	7462	6029	3611	1227030	990440
嘉　　兴	Jiaxing	6542	5675	4193	1309457	1161475
莫 干 山	Moganshan	3685	3035	1831	749294	663065
绍　　兴	Shaoxing	7760	4748	3320	1265756	745597
衢　　州	Quzhou	6992	4309	2526	1318811	930760
合　　肥	Hefei	62351	42501	27977	15108389	9880603
芜　　湖	Wuhu	16171	12388	6038	4443539	3506521
蚌　　埠	Bengbu	12298	9699	6780	2636436	1772548
马鞍山慈湖	Ma'anshan Cihu	5303	4079	2051	2130573	1542923
福　　州	Fuzhou	15868	10965	8531	2775155	2152151
厦　　门	Xiamen	31635	29233	21120	6810778	6462405
莆　　田	Putian	2385	1708	1019	750795	585007
三　　明	Sanming	679	522	412	159193	121340
泉　　州	Quanzhou	8564	5115	3009	1363276	916257
漳　　州	Zhangzhou	5627	4127	2655	943185	719356
龙　　岩	Longyan	2612	2106	1511	713505	525973
南　　昌	Nanchang	24793	16903	10549	6605915	4761690
景 德 镇	Jingdezhen	7990	5423	2573	2507741	1752785
新　　余	Xinyu	4343	3041	2636	761402	519345
鹰　　潭	Yingtan	1568	1282	842	593956	524525
赣　　州	Ganzhou	1509	762	211	301820	187549
吉　　安	Ji'an	2143	1317	342	382689	290259
抚　　州	Fuzhou	4064	3677	1757	966784	889264
济　　南	Jinan	50789	38968	24906	10364074	8833429
青　　岛	Qingdao	25360	18339	14029	10406482	8940211
淄　　博	Zibo	19272	12275	8478	4261260	2839081

1-6 续表 2 continued

地 区	region	科技活动人员（人）Personnel Engaged in Science and Technology Activities (person)	R&D人员（人）R&D Personnel (person)	R&D人员全时当量（人年）R&D Personnel Full Time Equivalent (man year)	科技活动经费内部支出（千元）Intramural Expenditures on Science and Technology Activities (1000 yuan)	R&D经费内部支出（千元）Intramural Expenditure on R&D (1000 yuan)
枣 庄	Zaozhuang	625	351	70	110797	66339
黄河三角洲	Huanghe Delta	132	89	11	63619	41838
烟 台	Yantai	4069	2425	1445	945927	620420
潍 坊	Weifang	21221	15186	7578	4861922	3415848
济 宁	Jining	11347	7982	5814	3073810	2595810
泰 安	Tai'an	7964	5134	3434	1433877	847814
威 海	Weihai	16782	10925	6014	3405622	2132189
莱 芜	Laiwu	1164	714	462	276668	138937
临 沂	Linyi	2737	2146	831	1669637	1322459
德 州	Dezhou	1764	1372	440	365511	290435
郑 州	Zhengzhou	61362	26141	13203	18758084	6273426
洛 阳	Luoyang	23202	21087	14434	4355334	4086631
平顶山	Pingdingshan	952	668	584	323661	231150
安 阳	Anyang	4042	3576	2567	678935	461901
新 乡	Xinxiang	5628	4801	2993	1810367	1637883
焦 作	Jiaozuo	2831	1174	430	584104	207641
南 阳	Nanyang	5913	4400	2531	655822	481830
武 汉	Wuhan	140012	85973	37357	34272196	24980377
宜 昌	Yichang	19874	11963	7485	5796244	4012150
襄 阳	Xiangyang	28251	27621	22102	8078869	7538667
荆 门	Jingmen	11370	7515	4516	3199832	2221408
孝 感	Xiaogan	9369	6354	2673	1862418	1311363
随 州	Suizhou	3593	1287	397	879392	217331
仙 桃	Xiantao	2422	1197	367	432759	242459
长 沙	Changsha	70103	49707	28698	14555385	10390187
株 洲	Zhuzhou	23798	17584	6717	6910935	4678653
湘 潭	Xiangtan	5409	5180	4095	2156006	2051412
衡 阳	Hengyang	7310	2922	1984	1367511	621292
益 阳	Yiyang	4476	3099	2100	2188289	1133677
郴 州	Chenzhou	1908	1375	533	459725	228571
广 州	Guangzhou	132386	96532	64589	26909509	21726305
深 圳	Shenzhen	159438	97714	60660	43905160	29157976
珠 海	Zhuhai	40702	40558	23314	9799675	9782966
佛 山	Foshan	47870	33027	19699	9714594	7932323
江 门	Jiangmen	7994	5696	3587	1605524	1211042
肇 庆	Zhaoqing	7254	5571	3799	1004338	861533
惠 州	Huizhou	19221	17135	12676	4519310	4083445

1-6 续表 3 continued

地区	region	科技活动人员（人）Personnel Engaged in Science and Technology Activities (person)	R&D人员（人）R&D Personnel (person)	R&D人员全时当量（人年）R&D Personnel Full Time Equivalent (man year)	科技活动经费内部支出（千元）Intramural Expenditures on Science and Technology Activities (1000 yuan)	R&D经费内部支出（千元）Intramural Expenditure on R&D (1000 yuan)
源城	Yuancheng	2366	1154	372	287735	161776
清远	Qingyuan	4762	2312	1271	735276	375420
东莞	Dongguan	15244	12392	8999	5765437	5135760
中山	Zhongshan	15595	13522	10109	3975640	3687719
南宁	Nanning	23730	15019	9772	4686732	3448569
柳州	Liuzhou	20726	12943	9180	5441609	3735197
桂林	Guilin	10495	6408	2928	1365693	792189
北海	Beihai	2925	895	457	509082	85010
海口	Haikou	6808	3395	1278	1131848	429948
重庆	Chongqing	34667	24237	11038	7021252	4842976
璧山	Bishan	4299	3188	2010	899873	634252
成都	Chengdu	86479	55348	30262	17677900	12507092
自贡	Zigong	4842	2752	1648	772291	272551
攀枝花	Panzhihua	928	543	293	272003	165556
泸州	Luzhou	3311	1595	423	567246	226478
德阳	Deyang	2614	949	487	324675	71656
绵阳	Mianyang	19297	13865	9690	3604132	3099540
乐山	Leshan	4567	2847	755	667980	338610
贵阳	Guiyang	27187	16335	10304	5439102	3078439
昆明	Kunming	11795	7772	4445	2036122	1590803
玉溪	Yuxi	2217	1389	422	369655	165912
西安	Xi'an	130919	87031	45936	38824142	25312888
宝鸡	Baoji	23164	17592	9236	4290724	3158022
杨凌	Yangling	1544	1050	674	278270	203929
咸阳	Xianyang	2997	1867	832	281593	181511
渭南	Weinan	2285	1878	812	275136	214382
榆林	Yulin	362	106	6	355302	9377
安康	Ankang	218	133	6	180602	142877
兰州	Lanzhou	11036	7277	1603	3159640	2147444
白银	Baiyin	4405	2366	656	757035	201843
青海	Qinghai	892	454	214	148010	63735
银川	Yinchuan	988	592	184	158593	73512
石嘴山	Shizuishan	2166	1728	1112	316130	258809
乌鲁木齐	Urumqi	5767	2149	911	1198877	536789
昌吉	Changji	1798	968	110	566037	409619
新疆兵团	Xinjiang Corps	1681	1545	966	500206	481840

1-7 高新区企业主要经济指标(按登记注册类型分类)

Main Economic Indicators of Enterprises in National Hi-tech Zones by Registration Category

企业登记注册类型 Registration Category	入统企业数(个) Number of Enterprises to Collect Data (unit)	高新技术企业数(个) Number of Hi-tech Enterprises (unit)	年末从业人员(人) Year End Number of Employees (person)	营业收入(千元) Operating Revenue (1000 yuan)	工业总产值(千元) Gross Industrial Output Value (1000 yuan)	净利润 Net Profit (1000 yuan)
合 计 **Total**	**91093**	**38841**	**18059323**	**27655938864**	**19683872466**	**1853509509**
#国有企业 State-owned Enterprises	2306	995	1626788	3060062056	2028880837	156988242
集体企业 Collective-owned Enterprises	331	57	96905	197858255	154564555	13230240
股份合作企业 Cooperative Enterprises	464	185	56716	81386591	78188902	4323176
联营企业 Joint Ownership Enterprises	128	44	26224	27461961	19328713	557788
有限责任公司 Limited Liability Corporations	29807	12836	5309879	8536050345	5116315609	498614594
股份有限公司 Share-holding Corporations Ltd.	6984	5075	3048568	4490976588	3334346971	420333098
私营企业 Private Enterprises	40080	15928	3466064	3966194778	3097879599	239953363
港澳台投资企业 Enterprises with Funds from HongKong, Macao and Taiwan	3668	1464	1725655	2431638727	1716682986	184580831
外商投资企业 Foreign Funded Enterprises	6863	2100	2656619	4811850106	4095875129	331431479

1-7 续表 continued

单位：千元 (1000 yuan)

企业登记注册类型 Registration Category	出口总额(千元) Export	上缴税费 Taxes Submitted	年末资产 Year End Assets	流动资产 Cureent Assets	年末负债 Year End Liabilities
合 计 **Total**	**2914608699**	**1560927332**	**39736441312**	**22201743610**	**22723885506**
#国有企业 State-owned Enterprises	122617951	212167697	6333764209	2808545432	3652035615
集体企业 Collective-owned Enterprises	24773214	12911748	305433293	173786078	203047492
股份合作企业 Cooperative Enterprises	6512876	2304650	164654654	94756942	102245811
联营企业 Joint Ownership Enterprises	3392776	1008760	43078322	21029571	26693119
有限责任公司 Limited Liability Corporations	424183006	477025864	12211436402	7133759188	7701861234
股份有限公司 Share-holding Corporations Ltd.	382407368	283724151	9294063423	4905873784	4796826094
私营企业 Private Enterprises	266500079	154688771	4124200174	2503852924	2335337504
港澳台投资企业 Enterprises with Funds from HongKong, Macao and Taiwan	452816972	102261451	2701945018	1686483845	1454517025
外商投资企业 Foreign Funded Enterprises	1226479711	312412050	4475039267	2834779727	2397761852

1-8 高新区企业收入情况(按登记注册类型分类)

Revenue Statistics of Enterprises in National Hi-tech Zones by Registration Category

单位：千元 (1000 yuan)

企业登记注册类型 Registration Category	营业收入 Operating Revenue	技术收入 Technical Income	产品销售收入 Product Sales Income	商品销售收入 Commodity Sales Income
合　计 Total	**27655938864**	**2692823252**	**20509138408**	**2724198367**
#国有企业 State-owned Enterprises	3060062056	439578622	2166385693	256115596
集体企业 Collective-owned Enterprises	197858255	20511933	170889153	382683
股份合作企业 Cooperative Enterprises	81386591	6328392	72039288	1732566
联营企业 Joint Ownership Enterprises	27461961	2598351	18750274	5261327
有限责任公司 Limited Liability Corporations	8536050345	1010875044	5545539817	1180461114
股份有限公司 Share-holding Corporations Ltd.	4490976588	355033414	3439935172	359856034
私营企业 Private Enterprises	3966194778	302121861	3242546433	256589049
港澳台投资企业 Enterprises with Funds from HongKong, Macao and Taiwan	2431638727	257539270	1712585191	356029771
外商投资企业 Foreign Funded Enterprises	4811850106	294513061	4096461229	305633699

1-9 高新区企业人员情况(按登记注册类型分类)

Personnel of Statistics Enterprises in National Hi-tech Zones by Registration Category

单位：人 (person)

企业登记注册类型 Registration Category	年末从业人员 Year End Number of Employees	留学归国人员 Returned Overseas Scholars	外籍常驻人员 Foreign Personnel in Residence	大专以上 College and Higher Level
合　计 Total	**18059323**	**117635**	**57708**	**9895957**
#国有企业 State-owned Enterprises	1626788	15079	2076	1028958
集体企业 Collective-owned Enterprises	96905	278	84	51996
股份合作企业 Cooperative Enterprises	56716	775	72	28800
联营企业 Joint Ownership Enterprises	26224	105	173	14193
有限责任公司 Limited Liability Corporations	5309879	29135	8956	2959306
股份有限公司 Share-holding Corporations Ltd.	3048568	17310	8310	1849099
私营企业 Private Enterprises	3466064	16834	6780	1763000
港澳台投资企业 Enterprises with Funds from HongKong, Macao and Taiwan	1725655	9852	6823	857442
外商投资企业 Foreign Funded Enterprises	2656619	27676	24278	1320565

1-10 高新区企业主要经济指标(按企业划型标准分类)
Main Economic Indicators of Enterprises in National Hi-tech Zones by the Enterprise Scale

企业规模 Enterprise Scale	入统企业数 (个) Number of Enterprises to Collect Data (unit)	高新技术企业数 (个) Number of Hi-tech Enterprises (unit)	年末从业人员 (人) Year End Number of Employees (person)	营业收入 (千元) Operating Revenue (1000 yuan)	工业总产值 (千元) Gross Industrial Output Value (1000 yuan)
合　计 **Total**	**91093**	**38841**	**18059323**	**27655938864**	**19683872466**
大型企业 Large Enterprises	3968	2431	9299289	16954462022	11655532133
中型企业 Medium Enterprises	14613	7853	4966794	7810564769	5655367092
小型企业 Small Enterprises	52187	23934	3600892	2817102107	2335586675
微型企业 Micro Enterprises	20325	4623	192348	73809967	37386566

1-10 续表 continued

企业规模 Enterprise Scale	净利润 (千元) Net Profit (1000 yuan)	上缴税费 (千元) Taxes Submitted (1000 yuan)	出口总额 (千元) Export (1000 yuan)	年末资产 (千元) Year End Assets (1000 yuan)	年末负债 (千元) Year End Liabilities (1000 yuan)
合　计 **Total**	**1853509509**	**1560927332**	**2914608699**	**39736441312**	**22723885506**
大型企业 Large Enterprises	1162959752	1034723578	2050673972	22520801159	13364993150
中型企业 Medium Enterprises	532016001	383252441	660569911	11802922006	6617513186
小型企业 Small Enterprises	165340315	139405730	196484529	4986471769	2526151368
微型企业 Micro Enterprises	-6806559	3545583	6880286	426246378	215227802

1-11 高新区企业收入情况(按企业划型标准分类)
Revenue Statistics of Enterprises in National Hi-tech Zones by the Enterprise Scale

单位：千元 (1000 yuan)

企业规模 Enterprise Scale	营业收入 Operating Revenue	技术收入 Technical Income	产品销售收入 Product Sales Income	商品销售收入 Commodity Sales Income
合 计 Total	**27655938864**	**2692823252**	**20509138408**	**2724198367**
大型企业 Large Enterprises	16954462022	1806306696	12365981268	1534721209
中型企业 Medium Enterprises	7810564769	648324636	5821860926	1009738839
小型企业 Small Enterprises	2817102107	224082859	2282952932	166480084
微型企业 Micro Enterprises	73809967	14109062	38343283	13258234

1-12 高新区企业人员情况(按企业划型标准分类)
Personnel of Statistics Enterprises in National Hi-tech Zones by the Enterprise Scale

单位：人 (person)

企业规模 Enterprise Scale	年末从业人员 Year End Number of Employees	留学归国人员 Returned Overseas Scholars	外籍常驻人员 Foreign Personnel in Residence	大专以上 College and Higher Level
合 计 Total	**18059323**	**117635**	**57708**	**9895957**
大型企业 Large Enterprises	9299289	60801	29624	5344295
中型企业 Medium Enterprises	4966794	30039	14373	2523064
小型企业 Small Enterprises	3600892	23131	12577	1894177
微型企业 Micro Enterprises	192348	3664	1134	134421

1-13 高新区高技术产业制造业企业主要经济指标(按行业类别分类)
Main Indicators of Enterprises in Hi-tech Manufacture Fields in National Hi-tech Zones by Industry Field

行业类别 Industry Field	入统企业数(个) Number of Enterprises to Collect Data (unit)	高新技术企业数(个) Number of Hi-tech Enterprises (unit)	年末从业人员(人) Year End Number of Employees (person)	营业收入(千元) Operating Revenue (1000 yuan)	主营业务收入(千元) Revenue from Principal Business (1000 yuan)	工业总产值(千元) Gross Industrial Output Value (1000 yuan)
合　计 Total	**12983**	**7175**	**4155226**	**5646330644**	**5540419163**	**5594118847**
医药制造业 Manufacture of Medicines	2256	1253	728609	865884767	852929887	842684291
航空、航天器及设备制造业 Manufacture of Aircrafts and Spacecrafts and Related Equipment	276	170	184749	154159746	147413287	151295709
电子及通信设备制造业 Manufacture of Electronic Equipment and Communication Equipment	5581	3027	2375151	3375156789	3301960989	3388622969
计算机及办公设备制造业 Manufacture of Computers and Office Equipment	749	362	385538	787550167	782262557	761661394
医疗仪器设备及仪器仪表制造业 Manufacture of Medical Equipments and Measuring Instrument	4024	2310	447610	421505325	414760447	407907767
信息化学品制造业 Manufacture of Information Chemicals	97	53	33569	42073851	41091994	41946718

1-13 续表 continued

行业类别 Industry Field	净利润(千元) Net Profit (1000 yuan)	上缴税费(千元) Taxes Submitted (1000 yuan)	出口总额(千元) Export (1000 yuan)	年末资产(千元) Year End Assets (1000 yuan)	年末负债(千元) Year End Liabilities (1000 yuan)
合　计 Total	**357380638**	**251017550**	**1647465645**	**6446894675**	**3400292440**
医药制造业 Manufacture of Medicines	104695455	75022882	41910575	1183960678	468970979
航空、航天器及设备制造业 Manufacture of Aircrafts and Spacecrafts and Related Equipment	12505121	4640906	7187994	309924176	175314041
电子及通信设备制造业 Manufacture of Electronic Equipment and Communication Equipment	153602074	121981794	1209695347	3783452951	2150941810
计算机及办公设备制造业 Manufacture of Computers and Office Equipment	40611669	20548543	325400636	548683240	330675718
医疗仪器设备及仪器仪表制造业 Manufacture of Medical Equipments and Measuring Instrument	43079654	27270758	56885779	553232877	239391482
信息化学品制造业 Manufacture of Information Chemicals	2886665	1552667	6385314	67640752	34998410

1-14 高新区高技术产业服务业企业主要经济指标(按行业类别分类)

Main Indicators of Enterprises in Hi-tech Service Fields in National Hi-tech Zones by Industry Field

行业类别 Industry Field	入统企业数 (个) Number of Enterprises to Collect Data (unit)	高新技术企业数 (个) Number of Hi-tech Enterprises (unit)	年末从业人员 (人) Year End Number of Employees (person)	营业收入 (千元) Operating Revenue (1000 yuan)	主营业务收入 (千元) Revenue from Principal Business (1000 yuan)
合　计 Total	**28868**	**15240**	**3141847**	**3049181066**	**2923230752**
信息服务 Information Service	18679	10334	2254645	2033586438	1989681510
电子商务服务 E-commerce Service	63	50	22588	19079492	6658116
检验检测服务 Inspection and Testing Service	337	175	53674	22522132	22030326
专业技术服务业的高技术服务 Hi-tech Service in Professional Technology Service	1173	544	316457	446688843	442378272
研发与设计服务 R & D and Design Service	1897	847	211533	267883875	208460557
科技成果转化服务 Technology Results Transfer Service	6063	2906	239407	215835954	210774582
知识产权及相关法律服务 IPR and Related Legal Service	131	29	7625	3643903	3632597
环境监测及治理服务 Environmental Monitoring and Control	525	355	35918	39940430	39614791

1-14 续表 continued

行业类别 Industry Field	净利润 (千元) Net Profit (1000 yuan)	上缴税费 (千元) Taxes Submitted (1000 yuan)	出口总额 (千元) Export (1000 yuan)	年末资产 (千元) Year End Assets (1000 yuan)	年末负债 (千元) Year End Liabilities (1000 yuan)
合　计 Total	**330633165**	**180636708**	**142214906**	**6728849631**	**3735465478**
信息服务 Information Service	263284663	135691721	78097888	4182039282	2194402217
电子商务服务 E-commerce Service	1918327	1193757	8473	115631970	98997085
检验检测服务 Inspection and Testing Service	4940235	2065380	11898	38698281	8938529
专业技术服务业的高技术服务 Hi-tech Service in Professional Technology Service	34390205	20600634	39091218	1050615430	638070392
研发与设计服务 R & D and Design Service	19442483	7977698	12959982	600008982	356550664
科技成果转化服务 Technology Results Transfer Service	1440230	10489575	11657393	631834925	380381737
知识产权及相关法律服务 IPR and Related Legal Service	469183	267265	264900	4276381	2181764
环境监测及治理服务 Environmental Monitoring and Control	4747838	2350678	123154	105744380	55943089

1-15 苏州工业园主要经济指标

Main Economic Indicators of Suzhou Industrial Park

工商注册企业数（个）Number of Registered Enterprises (unit)	入统企业数（个）Number of Enterprises to Collect Data (unit)	高新技术企业数（个）Number of Hi-tech Enterprises (unit)	工业总产值（千元）Gross Industrial Output Value (1000 yuan)	净利润（千元）Net Profit (1000 yuan)
63473	2411	817	376475853	34719932

实际上缴税额（千元）Taxes Submitted (1000 yuan)	出口创汇（千美元）Export (1000 USD)	年末资产（千元）Year End Assets (1000 yuan)	年末负债（千元）Year End Liability (1000 yuan)
29588855	185212039	626961053	337515798

营业收入（千元）Operatng Revenue (1000 yuan)	技术收入（千元）Technical Income (1000 yuan)	产品销售收入（千元）Product Sales Income (1000 yuan)	商品销售收入（千元）Commodity Sales Income (1000 yuan)
460587542	23453213	354415807	21811978

1-16 苏州工业园企业人员情况

Personnel Statistics of Enterprises of Suzhou Industrial Park

单位：人 (person)

年末从业人员 Year End Number of Employees	留学归国人员 Returned Overseas Scholars	外籍常驻人员 Foreign Personnel in Residence	大专以上 College and Higher Level
276599	8133	9730	189160

1-17 苏州工业园R&D活动与科技活动

R&D and Science and Technology Activities Statistics of Suzhou Industrial Park

科技活动人员（人）Personnel Engaged in Science and Technology Activities (person)	R&D人员（人）R&D Personnel (person)	R&D 人员全时当量（人年）R&D Personnel Full Time Equivalent (man-year)	科技活动经费内部支出（千元）Intramural Expenditures on Science and Technology Activities (1000 yuan)	R&D经费内部支出（千元）Intramural Expenditure on R&D (1000 yuan)
71356	69502	44779	17209905	16478542

第二部分

全国高新技术企业

The Second Part

High Technology Enterprises in China

2-1 全国高新技术企业主要经济指标

Main Economic Indicators of High-tech Enterprises

年 份 Year	入统企业数（个） Number of Enterprises to Collect Data (unit)	年末从业人员（万人） Year End Number of Employees (10 000 person)	营业收入★（亿元） Total Income (100 million yuan)	工业总产值（亿元） Gross Industrial Output Value (100 million yuan)	净利润（亿元） Net Profit (100 million yuan)	上缴税额（亿元） Taxes Submitted (100 million yuan)	出口创汇（亿美元） Export (100 million USD)
1996	12547	214.2	4029.6	3810.8	304.2	222.0	73.5
1997	12794	248.7	5630.4	5301.6	402.4	288.6	101.5
1998	15206	309.4	7624.1	7361.8	464.4	424.2	132.7
1999	17118	364.5	10936.7	10558.8	742.7	792.8	203.0
2000	20867	442.3	15648.7	14757.9	1149.7	904.5	329.2
2001	24153	511.7	19930.4	18767.2	1305.9	1279.6	395.4
2002	28504	601.8	25502.2	23877.0	1509.2	1460.1	569.1
2003	33392	729.5	35332.5	32996.0	2129.7	1925.7	900.9
2004	39490	863.8	48100.5	44615.8	2900.5	2366.1	1515.0
2005	43249	1016.1	59714.1	55780.8	3387.5	2901.2	2050.9
2006	49166	1182.6	76493.0	71840.5	4427.5	3842.3	2646.3
2007	56047	1452.2	104770.5	95911.5	6684.1	4851.4	3683.5
2008	51476	1275.0	105115.2	96546.2	5853.6	5804.8	3563.8
2009	25386	1003.3	86192.6	93319.1	6328.5	4281.5	2492.5
2010	31858	1313.6	129505.2	119022.0	9806.7	6262.1	3594.9
2011	39343	1508.3	156223.1	140338.9	10997.8	7378.7	4520.5
2012	45313	1621.3	167743.9	152235.3	10892.0	8377.7	4608.3
2013	54683	1810.2	193837.4	175106.4	12825.2	9277.4	4915.8
2014	62556	1914.8	217304.8	211335.9	14399.2	10674.8	5068.6
2015	76141	2045.2	222234.1	189757.5	14894.8	11052.1	4768.7
2016	100012	2360.7	261093.9	212268.8	18859.7	13159.1	4694.9

注：2014年报表制度进一步规范指标及定义，取消了“总收入”的指标，增加了“营业收入”的指标，此列2014年以前所列数据为企业总收入的汇总数据。

2-2 各地区高新技术企业主要经济指标

Main Economic Indicators of High-tech Enterprises by Region

地　　区	Region	入统企业数(个) Number of Enterprises to Collect Data (unit)	年末从业人员(人) Year End Number of Employees (person)	营业收入(千元) Operatng Revenue (1000 yuan)	工业总产值(千元) Gross Industrial Output Value (1000 yuan)
合　　计	**Total**	**100012**	**23606734**	**26109394342**	**21226880048**
东部地区	Eastern Region	72718	15917589	17405904302	13590675622
中部地区	Middle Region	14190	3968739	4764469788	4180007065
西部地区	Western Region	10129	2785583	3033442867	2657444825
东北地区	Northeast Region	2975	934823	905577385	798752536
北　　京	Beijing	13476	1933858	2322063607	690324356
天　　津	Tianjin	3205	496875	627206648	399955046
河　　北	Hebei	2061	645937	609958557	537481996
山　　西	Shanxi	926	293849	265120433	191833147
内 蒙 古	Inner Mongolia	351	131943	145373571	144668270
辽　　宁	Liaoning	1829	481710	469359088	400589862
吉　　林	Jiling	385	216720	242510933	232057428
黑 龙 江	Heilongjiang	761	236393	193707364	166105246
上　　海	Shanghai	6758	1423736	2004495010	1381320780
江　　苏	Jiangsu	12946	2933203	3263952604	3072921459
浙　　江	Zhejiang	7539	1937789	1905154094	1666747619
安　　徽	Anhui	3795	831486	973839431	942693307
福　　建	Fujian	2479	598481	501718337	495986168
江　　西	Jiangxi	1432	478962	585451950	547271053
山　　东	Shandong	4592	1351691	1522149089	1381687909
河　　南	Henan	1646	621508	547557490	456348640
湖　　北	Hubei	4209	991217	1331516497	1069340948
湖　　南	Hunan	2182	751717	1060983987	972519970
广　　东	Guangdong	19463	4553699	4608476876	3927355700
广　　西	Guangxi	813	260822	388623909	357091516
海　　南	Hainan	199	42320	40729479	36894590
重　　庆	Chongqing	1436	507234	690233562	659807839
四　　川	Sichuan	3047	762522	628733270	509972400
贵　　州	Guizhou	471	149497	116282361	111085617
云　　南	Yunnan	1084	204130	345544436	217649276
西　　藏	Tibet	23	8264	7355777	6779589
陕　　西	Shaanxi	1811	472735	446549776	398801218
甘　　肃	Gansu	431	112106	68147765	64923649
青　　海	Qinghai	129	51552	44988672	40175850
宁　　夏	Ningxia	77	33262	29850240	30786739
新　　疆	Xinjiang	456	91516	121759529	115702863

注：2016年报表制度进行了调整，出口的单位由千美元改为千元，后同。

2-2 续表 continued

地 区	Region	净利润(千元) Net Profit (1000 yuan)	上缴税费(千元) Taxes Submitted (1000 yuan)	出口总额(千元) Export (1000 yuan)	年末资产(千元) Year End Assets (1000 yuan)	年末负债(千元) Year End Liabilities (1000 yuan)
合 计	**Total**	**1885968535**	**1315914811**	**3117424566**	**39454184591**	**21597996475**
东部地区	Eastern Region	1409619327	885495754	2558621646	26657279283	14079297014
中部地区	Middle Region	260849377	208568921	333742497	6306245769	3682193615
西部地区	Western Region	164270279	173781664	150404877	4776617878	2803768788
东北地区	Northeast Region	51229553	48068473	74655546	1714041661	1032737057
北 京	Beijing	191895348	121536765	100315960	4862528614	2466652402
天 津	Tianjin	34488408	29627531	70735712	1144231410	650189748
河 北	Hebei	41108152	33085433	39427391	929927361	512460366
山 西	Shanxi	7277781	12094019	13585335	479458540	318473447
内 蒙 古	Inner Mongolia	8376466	6884006	6054477	369702613	211608028
辽 宁	Liaoning	25168011	22430153	48088078	947930521	582278397
吉 林	Jiling	20892859	15329902	19803753	314627313	160397583
黑 龙 江	Heilongjiang	5168682	10308418	6763715	451483826	290061077
上 海	Shanghai	181377091	98317328	204280050	3235415426	1720822469
江 苏	Jiangsu	230744017	169850928	610270838	4413856063	2243828939
浙 江	Zhejiang	232738222	114950106	320777399	2832655895	1296975402
安 徽	Anhui	56703740	45321534	88344813	1333913844	743441150
福 建	Fujian	38540906	22682363	106983005	680198454	324777019
江 西	Jiangxi	28222003	24470232	47071180	627297038	335502788
山 东	Shandong	101643324	75976379	230067566	2357026414	1307110133
河 南	Henan	35125434	26194022	42729612	992834600	574425175
湖 北	Hubei	79079801	55660519	71338829	1470490305	869226916
湖 南	Hunan	54440617	44828595	70672728	1402251442	841124139
广 东	Guangdong	354453663	216491918	873548679	6118862106	3521896196
广 西	Guangxi	16890770	19291856	14881699	387680719	243874127
海 南	Hainan	2630196	2977002	2215047	82577541	34584340
重 庆	Chongqing	45399975	53276801	38346269	799543178	489201870
四 川	Sichuan	28227539	31408119	45995199	1077059771	628765879
贵 州	Guizhou	6123141	6118415	5053709	229577259	128494218
云 南	Yunnan	11350261	15098942	6141981	485689645	297856597
西 藏	Tibet	1908495	1125685	2045	23933658	11248945
陕 西	Shaanxi	26699380	21511058	22474404	737047006	409995832
甘 肃	Gansu	3557603	3655803	3329411	160851770	82027823
青 海	Qinghai	3584531	2413453	171047	151732955	98163272
宁 夏	Ningxia	1792878	1247864	4150947	62711692	35504107
新 疆	Xinjiang	10359240	11749661	3803690	291087610	167028090

2-3 计划单列市高新技术企业主要经济指标

Main Economic Indicators of High-tech Enterprises of the Cities Listed Independently in the State Plan

地　区	Region	入统企业数（个）Number of Enterprises to Collect Data (unit)	年末从业人员（人）Year End Number of Employees (person)	营业收入（千元）Operatng Revenue (1000 yuan)	工业总产值（千元）Gross Industrial Output Value (1000 yuan)
合　计	**Total**	**12250**	**2771491**	**3046856544**	**2610793727**
大　连	Dalian	642	161785	177470922	144979608
宁　波	Ningbo	1346	384004	399258079	390377704
厦　门	Xiamen	1206	268369	182481850	176233874
青　岛	Qingdao	1319	243207	345233777	291268233
深　圳	Shenzhen	7737	1714126	1942411918	1607934307

2-3 续表 continued

地　区	Region	净利润（千元）Net Profit (1000 yuan)	上缴税费（千元）Taxes Submitted (1000 yuan)	出口总额（千元）Export (1000 yuan)	年末资产（千元）Year End Assets (1000 yuan)	年末负债（千元）Year End Liabilities (1000 yuan)
合　计	**Total**	**251738492**	**144998362**	**577395219**	**4470438335**	**2615175283**
大　连	Dalian	9605150	7850623	29750427	362889109	229064000
宁　波	Ningbo	35690318	20084902	75925998	480698636	236559628
厦　门	Xiamen	14524084	7161775	63145920	254300829	113404820
青　岛	Qingdao	25453195	18198371	45981121	496338388	284383026
深　圳	Shenzhen	166465744	91702690	362591752	2876211373	1751763809

2-4 副省级城市高新技术企业主要经济指标
Main Economic Indicators of High-tech Enterprises of the Deputy Provincial Level Cities

地区	Region	入统企业数（个）Number of Enterprises to Collect Data (unit)	年末从业人员（人）Year End Number of Employees (person)	营业收入（千元）Operatng Revenue (1000 yuan)	工业总产值（千元）Gross Industrial Output Value (1000 yuan)
合　计	**Total**	**16393**	**3474015**	**3838200099**	**2647064915**
沈　阳	Shenyang	554	179090	161842260	146944239
长　春	Changchun	238	103144	128563891	114435590
哈尔滨	Harbin	487	154280	125097512	109761240
南　京	Nanjing	1671	377441	450363645	326359705
杭　州	Hangzhou	2358	533204	639915055	368057291
济　南	Jinan	720	203904	259282154	194266205
武　汉	Wuhan	2117	435246	640507408	426033212
广　州	Guangzhou	4703	713683	798507608	483213207
成　都	Chengdu	2050	452676	340089049	230201539
西　安	Xi'an	1495	321347	294031516	247792687

2-4 续表 continued

地区	Region	净利润（千元）Net Profit (1000 yuan)	上缴税费（千元）Taxes Submitted (1000 yuan)	出口总额（千元）Export (1000 USD)	年末资产（千元）Year End Assets (1000 yuan)	年末负债（千元）Year End Liabilities (1000 yuan)
合　计	**Total**	**344496225**	**211543171**	**331261726**	**5660670733**	**3019279798**
沈　阳	Shenyang	6852731	6400676	7375495	322564523	206099674
长　春	Changchun	9166926	9918166	18242044	161031370	86798480
哈尔滨	Harbin	8011468	7613998	5278240	311454646	198568309
南　京	Nanjing	33301882	25458030	36217605	668080840	371088782
杭　州	Hangzhou	129432006	47515752	63549472	1013882181	405244365
济　南	Jinan	17195262	12727175	42737646	297160917	169448617
武　汉	Wuhan	40461910	28464831	39806692	754074397	452514258
广　州	Guangzhou	57255329	39432574	75419575	995664175	530128855
成　都	Chengdu	23407592	19092837	28854047	610152918	317284148
西　安	Xi'an	19411119	14919133	13780908	526604767	282104312

2-5 各地区高新技术企业收入情况

Revenue Statistics of High-tech Enterprises by Region

单位：千元 (1000 yuan)

地区	Region	营业收入 Operatng Revenue	技术收入 Technical Income	产品销售收入 Product Sales Income	商品销售收入 Commodity Sales Income
合计	**Total**	**26109394342**	**2558364460**	**21782639244**	**604748704**
东部地区	Eastern Region	17405904302	1935970582	14149437782	455059214
中部地区	Middle Region	4764469788	333302699	4238855401	49621690
西部地区	Western Region	3033442867	241957892	2568574127	91355534
东北地区	Northeast Region	905577385	47133287	825771933	8712266
北京	Beijing	2322063607	666488654	1063087224	248367427
天津	Tianjin	627206648	96788561	489944490	5078700
河北	Hebei	609958557	33157013	554861463	5638959
山西	Shanxi	265120433	16216794	232934663	5326232
内蒙古	Inner Mongolia	145373571	3279757	135874912	1714451
辽宁	Liaoning	469359088	23711959	426004655	7081783
吉林	Jiling	242510933	4775411	231253044	699809
黑龙江	Heilongjiang	193707364	18645917	168514235	930674
上海	Shanghai	2004495010	351114812	1526363077	18302245
江苏	Jiangsu	3263952604	126621009	2986377469	47502719
浙江	Zhejiang	1905154094	197347267	1628847396	12195115
安徽	Anhui	973839431	44449788	883122309	8380920
福建	Fujian	501718337	18300106	466933377	5527897
江西	Jiangxi	585451950	18355765	544131933	10954688
山东	Shandong	1522149089	69014809	1383988888	23987677
河南	Henan	547557490	20809838	503972530	2770776
湖北	Hubei	1331516497	151662528	1150214699	9579861
湖南	Hunan	1060983987	81807987	924479267	12609212
广东	Guangdong	4608476876	373221130	4014566512	87321124
广西	Guangxi	388623909	16692002	342589014	2911419
海南	Hainan	40729479	3917220	34467886	1137351
重庆	Chongqing	690233562	23212089	644018347	4904659
四川	Sichuan	628733270	94935548	497852838	10904940
贵州	Guizhou	116282361	5133249	102067984	2136140
云南	Yunnan	345544436	23642347	276181533	32423273
西藏	Tibet	7355777	124997	6581333	612192
陕西	Shaanxi	446549776	45669221	344829858	30908504
甘肃	Gansu	68147765	5992214	58102013	1226980
青海	Qinghai	44988672	16614809	24178517	233175
宁夏	Ningxia	29850240	295570	26692433	1000624
新疆	Xinjiang	121759529	6366089	109605344	2379177

2-6 计划单列市高新技术企业收入情况
Revenue Statistics of High-tech Enterprises of the Cities Listed Independently in the State Plan

地区	Region	营业收入 Operatng Revenue	技术收入 Technical Income	产品销售收入 Product Sales Income	商品销售收入 Commodity Sales Income
合计	**Total**	**3046856544**	**260943991**	**2613416738**	**78034053**
大连	Dalian	177470922	5615507	166541139	1348118
宁波	Ningbo	399258079	4698308	383579050	1376156
厦门	Xiamen	182481850	8070084	166646092	2903248
青岛	Qingdao	345233777	27266728	294400855	10555857
深圳	Shenzhen	1942411918	215293364	1602249603	61850673

2-7 副省级城市高新技术企业收入情况
Revenue Statistics of High-tech Enterprises of the Deputy Provincial Level Cities

地区	Region	营业收入 Operatng Revenue	技术收入 Technical Income	产品销售收入 Product Sales Income	商品销售收入 Commodity Sales Income
合计	**Total**	**3838200099**	**651876297**	**2993258727**	**65776992**
沈阳	Shenyang	161842260	10617996	143597728	4328943
长春	Changchun	128563891	4576566	119193751	683730
哈尔滨	Harbin	125097512	3684417	116955334	482697
南京	Nanjing	450363645	58566698	356074632	23853870
杭州	Hangzhou	639915055	188501432	412796944	5522330
济南	Jinan	259282154	19046055	233615700	1133718
武汉	Wuhan	640507408	132429013	496798396	3749091
广州	Guangzhou	798507608	112138061	653270538	10715076
成都	Chengdu	340089049	81747986	236612620	5164186
西安	Xi'an	294031516	40568074	224343084	10143351

2-8 各地区高新技术企业人员情况

Personnel Statistics of High-tech Enterprises by Region

单位：人 (person)

地 区	Region	年末从业人员 Year End Number of Employees	留学归国人员 Returned Overseas Scholars	外籍常驻人员 Foreign Personnel in Residence	大专以上 College and Higher Level
合 计	**Total**	**23606734**	**96125**	**48803**	**12042296**
东部地区	Eastern Region	15917589	73779	38089	8147776
中部地区	Middle Region	3968739	12302	8072	1957085
西部地区	Western Region	2785583	7280	2239	1426297
东北地区	Northeast Region	934823	2764	403	511138
北 京	Beijing	1933858	21860	4467	1476229
天 津	Tianjin	496875	2399	618	306616
河 北	Hebei	645937	854	581	306995
山 西	Shanxi	293849	362	294	149802
内蒙古	Inner Mongolia	131943	144	55	71746
辽 宁	Liaoning	481710	2060	279	278745
吉 林	Jiling	216720	426	95	108110
黑龙江	Heilongjiang	236393	278	29	124283
上 海	Shanghai	1423736	12622	8306	936068
江 苏	Jiangsu	2933203	12167	10499	1351926
浙 江	Zhejiang	1937789	4159	2689	789562
安 徽	Anhui	831486	2397	1158	369725
福 建	Fujian	598481	1072	1213	248944
江 西	Jiangxi	478962	1574	664	192541
山 东	Shandong	1351691	2820	1311	679403
河 南	Henan	621508	2398	780	304799
湖 北	Hubei	991217	3243	3991	523112
湖 南	Hunan	751717	2328	1185	417106
广 东	Guangdong	4553699	15716	8382	2026711
广 西	Guangxi	260822	378	82	112615
海 南	Hainan	42320	110	23	25322
重 庆	Chongqing	507234	1023	254	224169
四 川	Sichuan	762522	2319	346	379265
贵 州	Guizhou	149497	129	57	73140
云 南	Yunnan	204130	380	79	105335
西 藏	Tibet	8264	29	2	4934
陕 西	Shaanxi	472735	1669	859	297535
甘 肃	Gansu	112106	842	55	58746
青 海	Qinghai	51552	43	25	26615
宁 夏	Ningxia	33262	33	15	17673
新 疆	Xinjiang	91516	291	410	54524

2-9 计划单列市高新技术企业人员情况

Personnel Statistics of High-tech Enterprises of the Cities Listed Independently in the State Plan

单位：人 (person)

地　区	Region	年末从业人员 Year End Number of Employees	留学归国人员 Returned Overseas Scholars	外籍常驻人员 Foreign Personnel in Residence	大专以上 College and Higher Level
合　计	**Total**	**2771491**	**13579**	**5615**	**1412487**
大　连	Dalian	161785	1120	172	95446
宁　波	Ningbo	384004	568	284	136441
厦　门	Xiamen	268369	468	689	109256
青　岛	Qingdao	243207	589	274	128502
深　圳	Shenzhen	1714126	10834	4196	942842

2-10 副省级城市高新技术企业人员情况

Personnel Statistics of High-tech Enterprises of the Deputy Provincial Level Cities

单位：人 (person)

地　区	Region	年末从业人员 Year End Number of Employees	留学归国人员 Returned Overseas Scholars	外籍常驻人员 Foreign Personnel in Residence	大专以上 College and Higher Level
合　计	**Total**	**3474015**	**13107**	**5313**	**2218267**
沈　阳	Shenyang	179090	618	51	121633
长　春	Changchun	103144	374	39	60456
哈尔滨	Harbin	154280	197	17	87613
南　京	Nanjing	377441	1776	629	256460
杭　州	Hangzhou	533204	2293	724	326239
济　南	Jinan	203904	500	389	141225
武　汉	Wuhan	435246	2306	1385	309230
广　州	Guangzhou	713683	2147	1035	429672
成　都	Chengdu	452676	1386	210	262385
西　安	Xi'an	321347	1510	834	223354

2-11 各地区高新技术企业R&D活动与科技活动情况

R&D Activities and Science and Technology Activities Statistics of High-tech Enterprises by Region

地区	Region	科技活动人员（人） Personnel Engaged in Science and Technology Activities (person)	R&D人员（人） R&D Personnel (person)	R&D人员全时当量（人年） R&D Personnel Full Time Equivalent (man year)	科技活动经费内部支出（千元） Intramural Expenditures on Science and Technology Activities (1000 yuan)	R&D经费内部支出（千元） Intramural Expenditure on R&D (1000 yuan)
合　计	**Total**	**5843408**	**3494753**	**2126529**	**1264307205**	**780605180**
东部地区	Eastern Region	4048891	2388026	1518912	905123899	550905308
中部地区	Middle Region	932997	581690	322679	193443340	125878939
西部地区	Western Region	645938	397839	206508	125980972	79862920
东北地区	Northeast Region	215582	127199	78430	39758995	23958013
北　京	Beijing	632199	216979	138912	156627966	55202657
天　津	Tianjin	142672	133986	69070	28772507	25989024
河　北	Hebei	159990	102425	62372	27938535	19393455
山　西	Shanxi	62079	36987	17262	15322031	6703583
内蒙古	Inner Mongolia	28377	15971	7923	5744226	3560864
辽　宁	Liaoning	119878	73985	45502	21726759	14537351
吉　林	Jiling	37207	16083	9243	7487591	3305046
黑龙江	Heilongjiang	58497	37131	23685	10544644	6115616
上　海	Shanghai	472866	220138	138333	135811759	66768741
江　苏	Jiangsu	676580	435249	292230	141884701	93058049
浙　江	Zhejiang	412853	281151	202500	93873808	68166695
安　徽	Anhui	202414	131685	76164	39144389	25955827
福　建	Fujian	134364	91406	64288	22427839	16759606
江　西	Jiangxi	92723	63231	37383	20072287	15306722
山　东	Shandong	306805	184458	105827	60927006	39117108
河　南	Henan	143638	87754	53279	24631532	16178874
湖　北	Hubei	252647	145642	77426	53839374	35143882
湖　南	Hunan	179496	116391	61165	40433728	26590051
广　东	Guangdong	1098345	717719	443676	234989319	165818093
广　西	Guangxi	51999	28724	15702	11280343	6843398
海　南	Hainan	12217	4515	1703	1870458	631881
重　庆	Chongqing	95404	65036	34554	20242226	14702807
四　川	Sichuan	185935	108127	55383	28539239	17309393
贵　州	Guizhou	31670	18925	12370	5059762	3069787
云　南	Yunnan	50620	33016	17396	11529629	7471702
西　藏	Tibet	1960	1580	838	284401	189930
陕　西	Shaanxi	138289	95709	49696	32021812	21809667
甘　肃	Gansu	23979	12625	4536	3559233	1345388
青　海	Qinghai	10815	4885	1856	1725451	606626
宁　夏	Ningxia	6355	4616	2389	1252255	882154
新　疆	Xinjiang	20535	8625	3866	4742394	2071205

2-12 计划单列市高新技术企业R&D活动与科技活动情况
R&D Activities and Science and Technology Activities Statistics of High-tech Enterprises of the Cities Listed Independently in the State Plan

地 区	region	科技活动人员 (人) Personnel Engaged in Science and Technology Activities (person)	R&D人员 (人) R&D Personnel (person)	R&D人员全时当量 (人年) R&D Personnel Full Time Equivalent (man year)	科技活动经费内部支出 (千元) Intramural Expenditures on Science and Technology Activities (1000 yuan)	R&D经费内部支出 (千元) Intramural Expenditure on R&D (1000 yuan)
合 计	**Total**	**705390**	**441775**	**275173**	**166551780**	**112051155**
大 连	Dalian	41997	28374	14250	8289461	6440611
宁 波	Ningbo	68280	54526	40817	15703964	12030368
厦 门	Xiamen	58218	46001	33689	9815122	8274341
青 岛	Qingdao	62420	35382	22437	14263084	9061591
深 圳	Shenzhen	474475	277492	163980	118480148	76244243

2-13 副省级城市高新技术企业R&D活动与科技活动情况
R&D Activities and Science and Technology Activities Statistics of High-tech Enterprises of the Deputy Provincial Level Cities

地 区	region	科技活动人员 (人) Personnel Engaged in Science and Technology Activities (person)	R&D人员 (人) R&D Personnel (person)	R&D人员全时当量 (人年) R&D Personnel Full Time Equivalent (man year)	科技活动经费内部支出 (千元) Intramural Expenditures on Science and Technology Activities (1000 yuan)	R&D经费内部支出 (千元) Intramural Expenditure on R&D (1000 yuan)
合 计	**Total**	**1030759**	**629688**	**393376**	**217190179**	**145672162**
沈 阳	Shenyang	45161	27430	20400	8440302	5302947
长 春	Changchun	25508	9411	5835	4920781	2329998
哈尔滨	Harbin	39512	27151	18276	8711033	5188060
南 京	Nanjing	119450	61331	39668	24378080	13109072
杭 州	Hangzhou	162394	99311	75834	43145845	31323112
济 南	Jinan	60297	41481	26624	11270277	8271167
武 汉	Wuhan	138649	76917	36846	29297720	18935739
广 州	Guangzhou	213676	143416	94796	41779822	31678818
成 都	Chengdu	119930	70663	37707	19033865	12068091
西 安	Xi'an	106182	72575	37389	26212454	17465158

2-14 高新技术企业主要经济指标(按登记注册类型分类)

Main Economic Indicators of High-tech Enterprises by Registration Category

企业登记注册类型 Registration Category	入统企业数 (个) Number of Enterprises to Collect Data (unit)	年末从业人员 (人) Year End Number of Employees (person)	营业收入 (千元) Operatng Revenue (1000 yuan)	工业总产值 (千元) Gross Industrial Output Value (1000 yuan)	出口总额 (千元) Export (1000 yuan)
合　计 Total	**100012**	**23606734**	**26109394342**	**21226880048**	**3117424566**
#国有企业 State-owned Enterprises	2769	1976040	2505237945	1541535016	119432564
集体企业 Collective-owned Enterprises	164	38578	71273211	54701183	4514703
股份合作企业 Cooperative Enterprises	524	104223	111670441	115544903	11308350
联营企业 Joint Ownership Enterprises	106	31008	36100884	32916986	4334284
有限责任公司 Limited Liability Corporations	30159	6306634	7447749491	5287284530	590020198
股份有限公司 Share-holding Corporations Ltd.	12710	5314031	6018574498	5306039761	671479234
私营企业 Private Enterprises	43908	5371386	4612349965	4166430964	499577580
港澳台投资企业 Enterprises with Funds from HongKong, Macao and Taiwan	4191	2178388	2453746490	2054491893	531687504
外商投资企业 Foreign Funded Enterprises	4993	2222960	2814194106	2634415008	679573905

2-14 续表　continued

(1000 yuan)

企业登记注册类型 Registration Category	净利润 Net Profit	上缴税费 Taxes Submitted	年末资产 Year End Assets	流动资产 Current Assets	年末负债 Year End Liabilities
合　计 Total	**1885968535**	**1315914811**	**39454184591**	**24270948650**	**21597996475**
#国有企业 State-owned Enterprises	107774571	102251571	4388211781	2694500443	2743528522
集体企业 Collective-owned Enterprises	4945131	3814898	92825979	69700956	57835177
股份合作企业 Cooperative Enterprises	5869438	4661751	202836211	120502213	115623876
联营企业 Joint Ownership Enterprises	913825	1151073	48074780	25247692	28338857
有限责任公司 Limited Liability Corporations	443832611	331961115	10580355686	6916002770	6633588291
股份有限公司 Share-holding Corporations Ltd.	530560732	374667341	11613772147	6462535334	5466788834
私营企业 Private Enterprises	273529512	200780960	5843535754	3696626194	3295419092
港澳台投资企业 Enterprises with Funds from HongKong, Macao and Taiwan	301301209	143938419	3278071968	2109129758	1531766176
外商投资企业 Foreign Funded Enterprises	214249027	150584531	3356325457	2144813202	1699817054

2-15 高新技术企业收入情况(按登记注册类型分类)

Revenue Statistics of High-tech Enterprises by Registration Category

单位：千元 (1000 yuan)

企业登记注册类型 Registration Category	营业收入 Operatng Revenue	技术收入 Technical Income	产品销售收入 Product Sales Income	商品销售收入 Commodity Sales Income
合　计 Total	**26109394342**	**2558364460**	**21782639244**	**604748704**
#国有企业 State-owned Enterprises	2505237945	414358174	1905855771	45917715
集体企业 Collective-owned Enterprises	71273211	6833861	61962627	639989
股份合作企业 Cooperative Enterprises	111670441	6695777	102056714	1280819
联营企业 Joint Ownership Enterprises	36100884	1272278	33812375	51446
有限责任公司 Limited Liability Corporations	7447749491	1043111971	5755777164	136921612
股份有限公司 Share-holding Corporations Ltd.	6018574498	353531366	5305765674	156539459
私营企业 Private Enterprises	4612349965	277254834	4066618773	134487941
港澳台投资企业 Enterprises with Funds from HongKong, Macao and Taiwan	2453746490	319191044	2011821823	49263467
外商投资企业 Foreign Funded Enterprises	2814194106	132958286	2504647064	79359800

2-16 高新技术企业人员情况(按登记注册类型分类)

Personnel Statistics of High-tech Enterprises by Registration Category

单位：人 (person)

企业登记注册类型 Registration Category	年末从业人员 Year End Number of Employees	留学归国人员 Returned Overseas Scholars	外籍常驻人员 Foreign Personnel in Residence	大专以上 College and Higher Level
合　计 Total	**23606734**	**96125**	**48803**	**12042296**
#国有企业 State-owned Enterprises	1976040	8633	1056	1220084
集体企业 Collective-owned Enterprises	38578	46	4	19995
股份合作企业 Cooperative Enterprises	104223	774	135	50739
联营企业 Joint Ownership Enterprises	31008	78	17	14544
有限责任公司 Limited Liability Corporations	6306634	26932	7802	3461611
股份有限公司 Share-holding Corporations Ltd.	5314031	19542	9708	2797455
私营企业 Private Enterprises	5371386	17105	9490	2518764
港澳台投资企业 Enterprises with Funds from HongKong, Macao and Taiwan	2178388	8523	6222	912155
外商投资企业 Foreign Funded Enterprises	2222960	14275	14236	1017141

2-17 高新技术企业主要经济指标(按企业划型标准分类)

Main Economic Indicators of High-tech Enterprises by the Number of Employee

企业规模 Number of Employee	入统企业数 (个) Number of Enterprises to Collect Data (unit)	年末从业人员 (人) Year End Number of Employees (person)	营业收入 (千元) Operatng Revenue (1000 yuan)	工业总产值 (千元) Gross Industrial Output Value (1000 yuan)
合　计 Total	**100012**	**23606734**	**26109394342**	**21226880048**
大型企业 Large Enterprises	5167	10559009	14700986040	10956701752
中型企业 Medium Enterprises	19259	7346034	7798349124	6804364053
小型企业 Small Enterprises	65445	5540362	3572952663	3432846588
微型企业 Micro Enterprises	10141	161329	37106514	32967655

2-17 续表　continued

企业规模 Number of Employee	净利润 (千元) Net Profit (1000 yuan)	上缴税费 (千元) Taxes Submitted (1000 yuan)	出口总额 (千元) Export (1000 yuan)	年末资产 (千元) Year End Assets (1000 yuan)	年末负债 (千元) Year End Liabilities (1000 yuan)
合　计 Total	**1885968535**	**1315914811**	**3117424566**	**39454184591**	**21597996475**
大型企业 Large Enterprises	1093052279	729233347	1839086296	21315140765	12304525052
中型企业 Medium Enterprises	589031634	389506680	935810282	11787294810	6125787006
小型企业 Small Enterprises	209705780	195134690	341364028	6125490013	3056561531
微型企业 Micro Enterprises	-5821158	2040094	1163960	226259003	111122885

2-18 高新技术企业收入情况(按企业划型标准分类)

Revenue Statistics of High-tech Enterprises by the Number of Employee

单位：千元 (1000 yuan)

企业规模 Number of Employee	营业收入 Operatng Revenue	技术收入 Technical Income	产品销售收入 Product Sales Income	商品销售收入 Commodity Sales Income
合　计 **Total**	**26109394342**	**2558364460**	**21782639244**	**604748704**
大型企业 Large Enterprises	14700986040	1805229148	11740571335	321899348
中型企业 Medium Enterprises	7798349124	530589530	6825305537	200100151
小型企业 Small Enterprises	3572952663	217352663	3188699854	80669844
微型企业 Micro Enterprises	37106514	5193119	28062517	2079360

2-19 高新技术企业人员情况(按企业划型标准分类)

Personnel Statistics of High-tech Enterprises by the Enterprise Scale

单位：人 (person)

企业规模 Enterprise Scale	年末从业人员 Year End Number of Employees	留学归国人员 Returned Overseas Scholars	外籍常驻人员 Foreign Personnel in Residence	大专以上 College and Higher Level
合　计 **Total**	**23606734**	**96125**	**48803**	**12042296**
大型企业 Large Enterprises	10559009	45843	21054	5694604
中型企业 Medium Enterprises	7346034	25258	14354	3476748
小型企业 Small Enterprises	5540362	22900	12685	2759482
微型企业 Micro Enterprises	161329	2124	710	111462

2-20 高新技术企业中高技术产业制造业企业主要经济指标(按行业类别分类)

Main Indicators of High-tech Enterprises in Hi-tech Manufacture Fields by Industry Field

行业类别 Industry Field	入统企业数 (个) Number of Enterprises to Collect Data (unit)	年末从业人员 (人) Year End Number of Employees (person)	营业收入 (千元) Operatng Revenue (1000 yuan)	主营业务收入 (千元) Revenue from Principal Business (1000 yuan)	工业总产值 (千元) Gross Industrial Output Value (1000 yuan)
合　计 Total	**18258**	**5489627**	**5401976009**	**5262901457**	**5526589996**
医药制造业 Manufacture of Medicines	3346	1171485	1044246726	1026755949	1099535248
航空、航天器及设备制造业 Manufacture of Aircrafts and Spacecrafts and Related Equipment	417	343045	260817016	250964520	255787307
电子及通信设备制造业 Manufacture of Electronic Equipment and Communication Equipment	8548	3000588	3169350159	3076006000	3273218596
计算机及办公设备制造业 Manufacture of Computers and Office Equipment	907	292444	439600933	431990563	411989159
医疗仪器设备及仪器仪表制造业 Manufacture of Medical Equipments and Measuring Instrument	4949	644302	426657233	417438818	424667217
信息化学品制造业 Manufacture of Information Chemicals	91	37763	61303942	59745609	61392468

2-20 续表　continued

行业类别 Industry Field	净利润 (千元) Net Profit (1000 yuan)	上缴税费 (千元) Taxes Submitted (1000 yuan)	出口总额 (千元) Export (1000 yuan)	年末资产 (千元) Year End Assets (1000 yuan)	年末负债 (千元) Year End Liabilities (1000 yuan)
合　计 Total	**451271556**	**279764639**	**1201660121**	**7588856454**	**3659296835**
医药制造业 Manufacture of Medicines	154643133	105847204	80436177	1791858571	687224869
航空、航天器及设备制造业 Manufacture of Aircrafts and Spacecrafts and Related Equipment	17415174	6628110	23743544	591025927	329872974
电子及通信设备制造业 Manufacture of Electronic Equipment and	197077975	121002816	872848429	3927739001	2050347426
计算机及办公设备制造业 Manufacture of Computers and Office Equipment Communication Equipment	28258456	12138769	165718017	437713722	234561304
医疗仪器设备及仪器仪表制造业 Manufacture of Medical Equipments and Measuring Instrument	49235622	31168837	52358079	735212643	304012138
信息化学品制造业	4641198	2978903	6555876	105306590	53278124

2-21 高新技术企业中高技术产业服务业企业主要经济指标(按行业类别分类)

Main Indicators of High-tech Enterprises in Hi-tech Service Fields by Industry Field

行业类别 Industry Field	入统企业数(个) Number of Enterprises to Collect Data (unit)	年末从业人员(人) Year End Number of Employees (person)	营业收入(千元) Operatng Revenue (1000 yuan)	主营业务收入(千元) Revenue from Principal Business (1000 yuan)
合　计 Total	**25065**	**3278658**	**2805940993**	**2745838548**
信息服务 Information Service	17603	2272246	1861272903	1829257678
电子商务服务 E-commerce Service	71	25113	24035269	11598698
检验检测服务 Inspection and Testing Service	402	71429	27721997	27260798
专业技术服务业的高技术服务 Hi-tech Service in Professional Technology Service	1142	437826	487857486	482744836
研发与设计服务 R & D and Design Service	1396	203456	175926452	169649377
科技成果转化服务 Technology Results Transfer Service	3537	196276	160067896	156779553
知识产权及相关法律服务 IPR and Related Legal Service	46	2584	1177329	1168500
环境监测及治理服务 Environmental Monitoring and Control	868	69728	67881660	67379110

2-21 续表　continued

行业类别 Industry Field	净利润(千元) Net Profit (1000 yuan)	上缴税费(千元) Taxes Submitted (1000 yuan)	出口总额(千元) Export (1000 yuan)	年末资产(千元) Year End Assets (1000 yuan)	年末负债(千元) Year End Liabilities (1000 yuan)
合　计 Total	**396667214**	**185950054**	**103294472**	**5894910288**	**3031200698**
信息服务 Information Service	316419652	134855331	47438495	3767724790	1805558178
电子商务服务 E-commerce Service	2613457	1580771	8473	130810879	113181672
检验检测服务 Inspection and Testing Service	5538244	2419568	15505	43465532	14068627
专业技术服务业的高技术服务 Hi-tech Service in Professional Technology Service	38270126	26132226	36392304	910851922	542780986
研发与设计服务 R & D and Design Service	17554589	8821747	10537812	465785753	255822123
科技成果转化服务 Technology Results Transfer Service	8460800	7871847	8570596	392511616	204745205
知识产权及相关法律服务 IPR and Related Legal Service	80510	75997	43015	1530895	732439
环境监测及治理服务 Environmental Monitoring and Control	7729837	4192566	288272	182228901	94311468

第三部分

科技企业孵化器

The Third Part

Technology Business Incubators (TBIs)

3-1 全国科技企业孵化器主要经济指标
Main Economic Indicators of TBIs

年 份 Year	统计孵化器数量 (个) Number of TBIs with Data (unit)	场地面积 (万平方米) Space Area (10000 sq.m)	在孵企业 (个) Number of Tenants (unit)	在孵企业总收入 (亿元) Total Income of Incubatees (100 million yuan)	在孵企业从业人员数 (万人) Number of Employees of Incubatees (10000 person)	累计毕业企业 (个) Accumulated Number of Graduated Tenants (unit)
1995	73	40.2	1854	24.2	2.6	364
1996	80	56.6	2476	36.3	3.8	648
1997	80	77.5	2670	40.8	4.6	825
1998	77	88.4	4138	60.7	6.9	1316
1999	110	188.8	5293	95.8	9.2	1934
2000	164	339.5	8653	207.0	14.4	2790
2001	324	634.7	14270	422.4	28.4	4281
2002	378	632.6	20993	230.5	36.3	6207
2003	431	1358.9	27285	759.3	48.3	8981
2004	464	1515.1	33213	1121.7	55.2	11718
2005	534	1969.9	39491	1625.4	71.7	15815
2006	548	2008.0	41434	1926.7	79.3	19896
2007	614	2269.8	44750	2621.9	93.3	23394
2008	670	2315.5	44346	1866.2	92.8	31764
2009	772	2901.3	50511	2000.8	101.2	32301
2010	896	3043.9	56382	3329.5	117.8	36485
2011	1034	3472.1	60936	3800.6	125.6	39562
2012	1239	4375.8	70217	4147.1	143.7	45160
2013	1464	5379.3	77677	3308.8	158.3	52146
2014	1748	6877.8	78965	3696.4	141.7	61944
2015	2533	8680.0	102170	4810.4	166.2	74853
2016	3255	10732.8	133286	4792.7	212.1	89694

3-2 各地区科技企业孵化器基本情况
General Statistics of TBIs by Region

地区	Region	统计孵化器数量（个）Number of TBIs with Data (unit)	孵化器总收入（千元）Total Income of TBIs (1000 yuan)	管理机构从业人员数（人）Number of Management Personnel (person)	孵化基金总额（千元）Total Incubator Fund (1000 yuan)	创业导师人数（人）Number of Innovation Mentors (person)	对公共技术服务平台投资额（千元）Investment into the Public Service Platform (1000 yuan)
合　计	**Total**	**3255**	**30815473**	**53858**	**68779374**	**31833**	**6985336**
东部地区	Eastern Region	2088	21047784	33447	50766218	19856	4393417
中部地区	Middle Region	407	3226363	6991	5518160	4228	730753
西部地区	Westren Region	471	4731635	8349	10579284	5668	1112706
东北地区	Northeast Region	289	1809692	5071	1915713	2081	748460
北　京	Beijing	101	1938644	2254	13272584	1930	226485
天　津	Tianjin	108	488102	1471	1034178	1386	100458
河　北	Hebei	102	793807	1772	839447	1195	110535
山　西	Shanxi	25	263709	545	175536	261	36146
内蒙古	Inner Mongolia	36	318444	543	402240	571	77338
辽　宁	Liaoning	73	362751	1395	418490	571	189779
吉　林	Jilin	87	1119539	1928	621165	814	511770
黑龙江	Heilongjiang	129	327402	1748	876058	696	46911
上　海	Shanghai	156	1415731	2164	5493896	991	141544
江　苏	Jiangsu	548	7282273	9868	9146886	3655	1726786
浙　江	Zhejiang	160	1769518	2438	4036542	2019	273234
安　徽	Anhui	109	313197	1345	1900502	771	89309
福　建	Fujian	117	496608	1673	1498615	913	233912
江　西	Jiangxi	33	714388	661	251589	488	82403
山　东	Shandong	216	963068	3190	3363034	2779	693546
河　南	Henan	126	698178	2151	1315118	976	110751
湖　北	Hubei	67	571979	1218	820655	1070	267338
湖　南	Hunan	47	664911	1071	1054760	662	144805
广　东	Guangdong	576	5890497	8498	11766037	4928	874317
广　西	Guangxi	45	136424	541	79265	327	102326
海　南	Hainan	4	9537	119	315000	60	12600
重　庆	Chongqing	51	226767	753	4245650	1014	62233
四　川	Sichuan	108	873312	1671	901331	1470	249209
贵　州	Guizhou	28	1298723	941	543894	150	42860
云　南	Yunnan	20	111581	343	34700	344	21017
西　藏	Tibet	1		8	10000		
陕　西	Shaanxi	66	920733	1481	3213524	727	377721
甘　肃	Gansu	70	465801	1117	884000	251	115225
青　海	Qinghai	5	48583	167	148591	311	16500
宁　夏	Ningxia	14	108931	247	16770	171	8596
新　疆	Xinjiang	17	180020	386	73865	268	30008
新疆兵团	Xinjiang Corps	10	42315	151	25454	64	9674

3-3 各地区科技企业孵化器孵化企业情况
Tenants Statistics of TBIs by Region

地　区	Region	在孵企业数 (个) Number of Tenants (unit)	高新技术企业 (个) Hi-tech Companies (unit)	当年新增在孵企业 (个) New Incubatees (unit)	累计毕业企业 (个) Accumulated Number of Graduated Tenants (unit)	当年毕业企业 (个) Number of Graduated Tenants ofthe Year (unit)	收入达5千万元企业数 (个) Number of Tenants with Income More than 50 million yuan (unit)
合　计	**Total**	**133286**	**9024**	**48095**	**89694**	**15020**	**2191**
东部地区	Eastern Region	83046	5708	28889	55401	9411	1320
中部地区	Middle Region	21535	1160	7651	15358	2499	420
西部地区	Westren Region	19474	1446	8096	12009	2154	344
东北地区	Northeast Region	9231	710	3459	6926	956	107
北　京	Beijing	5316	1305	1900	7659	886	87
天　津	Tianjin	5080	204	1402	1944	413	55
河　北	Hebei	3078	209	1215	2012	381	79
山　西	Shanxi	1190	104	427	1002	193	11
内蒙古	Inner Mongolia	1297	56	496	717	138	8
辽　宁	Liaoning	3290	241	1103	3467	429	61
吉　林	Jilin	2474	256	921	1244	243	29
黑龙江	Heilongjiang	3467	213	1435	2215	284	17
上　海	Shanghai	6639	300	2162	2746	303	62
江　苏	Jiangsu	24154	1244	6495	14178	2508	394
浙　江	Zhejiang	8534	402	3019	6506	1061	143
安　徽	Anhui	4114	226	1326	2245	364	58
福　建	Fujian	2671	254	1014	2285	357	94
江　西	Jiangxi	1837	148	648	1112	236	59
山　东	Shandong	10639	607	3996	6982	1270	198
河　南	Henan	6725	146	2519	4663	754	125
湖　北	Hubei	4438	292	1576	4016	566	82
湖　南	Hunan	3231	244	1155	2320	386	85
广　东	Guangdong	16521	1145	7465	10974	2198	207
广　西	Guangxi	1665	84	696	1041	97	21
海　南	Hainan	414	38	221	115	34	1
重　庆	Chongqing	1832	144	857	1509	276	18
四　川	Sichuan	5422	456	2339	3272	591	106
贵　州	Guizhou	905	67	348	373	124	41
云　南	Yunnan	1196	99	456	830	132	9
西　藏	Tibet	12	1		49	12	6
陕　西	Shaanxi	3037	318	1085	2474	258	78
甘　肃	Gansu	1992	84	972	745	253	14
青　海	Qinghai	318	18	82	240	41	3
宁　夏	Ningxia	376	54	168	191	38	4
新　疆	Xinjiang	1046	63	438	440	123	27
新疆兵团	Xinjiang Corps	376	2	159	128	71	9

3-4 各地区科技企业孵化器孵化场地情况

Space Stastistics of TBIs by Region

单位：平方米 (sq.m)

地区	Region	总面积 Total Space Area	办公用房 Space for Office	企业用房 Space for Tenants	服务用房 Space for Service	其他 Others
合计	**Total**	**107328324**	**8071754**	**71996869**	**12301933**	**14957769**
东部地区	Eastern Region	62404650	5297414	40892268	7336890	8878078
中部地区	Middle Region	15264349	639705	10763288	1716320	2145036
西部地区	Westren Region	22526671	1650354	15346907	2515313	3014096
东北地区	Northeast Region	7132654	484281	4994406	733410	920558
北京	Beijing	2234022	130550	1664456	317073	121942
天津	Tianjin	3203541	374584	1340008	246153	1242796
河北	Hebei	2998815	250419	1948754	333271	466371
山西	Shanxi	789803	29878	618009	92989	48927
内蒙古	Inner Mongolia	1068768	72563	602729	137966	255510
辽宁	Liaoning	2444233	96068	1877144	237579	233442
吉林	Jilin	2229411	200917	1520733	237885	269877
黑龙江	Heilongjiang	2459011	187296	1596529	257946	417240
上海	Shanghai	2110194	163267	1496464	244020	206442
江苏	Jiangsu	21297922	1655848	14585375	2245045	2811654
浙江	Zhejiang	5629535	386133	3820174	701667	721561
安徽	Anhui	2851245	179047	1924090	267643	480465
福建	Fujian	2019913	118484	1404214	314178	183036
江西	Jiangxi	1067320	62136	822192	93990	89002
山东	Shandong	7455350	499158	5341757	948892	665543
河南	Henan	6006701	165198	4121826	724968	994709
湖北	Hubei	2111721	74997	1513588	227688	295448
湖南	Hunan	2437559	128448	1763582	309042	236486
广东	Guangdong	15385060	1717685	9231350	1977290	2458734
广西	Guangxi	1419013	68735	976374	117567	256337
海南	Hainan	70300	1285	59715	9300	
重庆	Chongqing	796255	47096	561423	105505	82230
四川	Sichuan	3266391	192325	2311410	397288	365368
贵州	Guizhou	3980321	180761	3078279	418803	302478
云南	Yunnan	612790	23699	503691	61421	23979
西藏	Tibet	2395	200	1600	595	
陕西	Shaanxi	2844207	142643	1621577	580228	499759
甘肃	Gansu	3154963	478960	1396714	367222	912067
青海	Qinghai	404083	30336	310222	16598	46926
宁夏	Ningxia	388417	52656	254617	67219	13926
新疆	Xinjiang	596110	33509	304875	216835	40892
新疆兵团	Xinjiang Corps	3992957	326871	3423397	28065	214625

3-5 各地区科技企业孵化器当年在孵企业情况

Annual Statistics of Incubatees of TBIs by Region

地区	Region	在孵企业从业人员数（人） Number of Employees of Incubatees (person)	在孵企业总收入（千元） Total Income of Incubatees (1000 yuan)	当年获得投融资企业数（个） Number of Incubateess Obtained Investment and Finance (unit)	当年获风险投资额（千元） Amount of Venture Capital for Incubatees (1000 yuan)	当年获得孵化基金在孵企业数（个） Number of Incubatees received incubator fund (unit)
合　计	**Total**	**2120525**	**479272823**	**7485**	**38598328**	**11619**
东部地区	Eastern Region	1267124	314957217	4938	31732449	6715
中部地区	Middle Region	407492	75349329	1324	2888445	2176
西部地区	Westren Region	309980	66319041	895	3037360	1936
东北地区	Northeast Region	135929	22647236	328	940074	792
北　京	Beijing	90451	35825164	572	7023222	308
天　津	Tianjin	72251	12495946	306	1066609	365
河　北	Hebei	53414	11217152	148	232061	306
山　西	Shanxi	19181	7262808	74	73590	83
内蒙古	Inner Mongolia	19678	6464117	25	117591	40
辽　宁	Liaoning	56137	9673637	150	493075	229
吉　林	Jilin	41610	6523512	104	107780	330
黑龙江	Heilongjiang	38182	6450088	74	339219	233
上　海	Shanghai	98154	20218917	673	7177067	381
江　苏	Jiangsu	399297	95649038	1225	4619382	2015
浙　江	Zhejiang	107186	27440199	426	2232034	1099
安　徽	Anhui	55816	10300155	241	484473	380
福　建	Fujian	46235	10655894	253	1298250	216
江　西	Jiangxi	37730	6131801	110	234160	370
山　东	Shandong	148115	27600205	522	1080092	895
河　南	Henan	155312	22661306	410	808272	820
湖　北	Hubei	62578	9737273	277	845307	245
湖　南	Hunan	76875	19255987	212	442642	278
广　东	Guangdong	246327	72847615	802	6946632	1123
广　西	Guangxi	26276	3442013	41	102940	96
海　南	Hainan	5694	1007087	11	57100	7
重　庆	Chongqing	26474	6810778	130	267970	149
四　川	Sichuan	78781	13659848	224	1028639	674
贵　州	Guizhou	21212	5050467	24	55340	72
云　南	Yunnan	15662	4979067	28	40655	127
西　藏	Tibet	221	20652			11
陕　西	Shaanxi	65107	14649387	267	1083605	344
甘　肃	Gansu	27844	5634499	50	154415	241
青　海	Qinghai	6219	1810142	22	22960	28
宁　夏	Ningxia	5761	918753	27	33990	37
新　疆	Xinjiang	10439	1850693	55	128205	103
新疆兵团	Xinjiang Corps	6306	1028624	2	1050	14

3-6 各地区国家级科技企业孵化器基本情况
General Statistics of State Level TBIs by Region

地 区	Region	统计孵化器数 量（个）Number of TBIs with Data (unit)	孵化器总收入（千元）Total Income of TBIs (1000 yuan)	管理机构从业人员数（人）Total Number of Management Personnel (person)	孵化基金总 额（千元）Total Incubator Fund (1000 yuan)	创业导师人 数（人）Number of Innovation Mentors (person)	对公共技术服务平台投资额（千元）Investment into the Public Service Platform (1000 yuan)
合 计	**Total**	**859★**	**12380731**	**16869**	**32439470**	**13873**	**3514424**
东部地区	Eastern Region	534	7918351	9679	26384044	8599	2094113
中部地区	Middle Region	134	1516229	2714	2237717	2045	518476
西部地区	Westren Region	127	2308666	2857	3074015	2457	365306
东北地区	Northeast Region	64	637485	1619	743693	772	536529
北 京	Beijing	49	1422460	1315	11146026	1282	132054
天 津	Tianjin	37	249972	585	893218	781	43691
河 北	Hebei	19	124437	406	285832	338	15205
山 西	Shanxi	11	167847	252	115290	143	25712
内蒙古	Inner Mongolia	9	89121	187	391560	346	57236
辽 宁	Liaoning	28	254889	807	239940	257	95565
吉 林	Jilin	21	213416	462	168800	346	417190
黑龙江	Heilongjiang	15	169180	350	334953	169	23774
上 海	Shanghai	43	735392	786	2432067	393	99597
江 苏	Jiangsu	158	2404079	2674	4773668	1823	913175
浙 江	Zhejiang	59	730590	1004	1973719	1034	130891
安 徽	Anhui	20	120208	308	157812	304	45779
福 建	Fujian	11	293655	268	235455	157	69189
江 西	Jiangxi	16	123154	361	167600	238	57913
山 东	Shandong	74	536842	1254	1622807	1377	443710
河 南	Henan	30	331677	620	441428	377	55106
湖 北	Hubei	41	461250	751	590555	709	249888
湖 南	Hunan	16	312093	422	765032	274	84078
广 东	Guangdong	83	1415924	1342	2771253	1388	240600
广 西	Guangxi	8	93858	166	48346	102	46150
海 南	Hainan	1	5000	45	250000	26	6000
重 庆	Chongqing	14	134297	266	195550	248	22120
四 川	Sichuan	26	316661	455	377758	368	66390
贵 州	Guizhou	4	915173	269	504476	66	18405
云 南	Yunnan	11	98584	249	26000	271	19217
西 藏	Tibet	1		8	10000		
陕 西	Shaanxi	27	486438	694	1029660	462	62411
甘 肃	Gansu	7	30130	158	300560	60	20068
青 海	Qinghai	5	48583	167	148591	311	16500
宁 夏	Ningxia	3	30489	50	9000	25	2929
新 疆	Xinjiang	8	62957	136	21665	163	26809
新疆兵团	Xinjiang Corps	4	2377	52	10850	35	7070

注：截至2016年底，全国共有国家级孵化器863家，其中上报数据的国家级孵化器859家，有4家国家级孵化器未上报数据。表中有关数据均为859家上报数据的国家级孵化器汇总数据。

3-7 各地区国家级科技企业孵化器孵化企业情况

Tenants Statistics of State Level TBIs by Region

地　区	Region	在孵企业数 (个) Number of Tenants (unit)	高新技术企业 (个) Hi-tech Companies (unit)	当年新增在孵企业 (个) New Incubatees (unit)	累计毕业企业 (个) Accumulated Number of Graduated Tenants (unit)	当年毕业企业 (个) Number of Graduated Tenants of the Year (unit)	收入达5千万元企业 (个) Number of Tenants with Income More than 50 million yuan (unit)
合　计	**Total**	**73209**	**5352**	**21917**	**63918**	**7942**	**1758**
东部地区	Eastern Region	44863	3439	12988	39388	5099	1087
中部地区	Middle Region	12484	712	3752	10665	1279	344
西部地区	Westren Region	10768	742	3671	8822	1075	239
东北地区	Northeast Region	5094	459	1506	5043	489	88
北　京	Beijing	3849	1029	1169	5477	518	79
天　津	Tianjin	2831	156	750	1622	284	41
河　北	Hebei	1671	105	507	1391	138	74
山　西	Shanxi	756	82	237	593	107	5
内蒙古	Inner Mongolia	746	31	228	534	80	2
辽　宁	Liaoning	2216	184	640	2614	253	57
吉　林	Jilin	1531	183	457	937	136	28
黑龙江	Heilongjiang	1347	92	409	1492	100	3
上　海	Shanghai	3211	130	868	2173	217	46
江　苏	Jiangsu	13855	679	3490	10413	1545	316
浙　江	Zhejiang	5279	251	1682	5015	566	113
安　徽	Anhui	1906	110	587	1588	204	45
福　建	Fujian	1106	165	330	1611	127	85
江　西	Jiangxi	1379	62	528	885	135	58
山　东	Shandong	6402	383	1906	5698	860	179
河　南	Henan	3435	93	925	2510	290	93
湖　北	Hubei	3314	238	978	3475	357	81
湖　南	Hunan	1694	127	497	1614	186	62
广　东	Guangdong	6534	532	2221	5949	833	154
广　西	Guangxi	820	43	263	961	79	18
海　南	Hainan	125	9	65	39	11	
重　庆	Chongqing	928	27	306	1027	140	17
四　川	Sichuan	2565	163	958	2253	239	62
贵　州	Guizhou	450	46	167	243	50	16
云　南	Yunnan	1001	78	403	694	99	9
西　藏	Tibet	12	1		49	12	6
陕　西	Shaanxi	2182	271	598	2116	184	70
甘　肃	Gansu	637	13	296	255	51	7
青　海	Qinghai	318	18	82	240	41	3
宁　夏	Ningxia	192	24	55	116	26	4
新　疆	Xinjiang	656	25	201	265	45	25
新疆兵团	Xinjiang Corps	261	2	114	69	29	

3-8 各地区国家级科技企业孵化器孵化场地情况

Space Stastistics of State Level TBIs by Region

单位：平方米 (sq.m)

地区	Region	总面积 Total Space Area	办公用房 Space for Office	企业用房 Space for Tenants	服务用房 Space for Service	其他 Others
合计	**Total**	**38610097**	**1216386**	**29306539**	**5089590**	**2997582**
东部地区	Eastern Region	23278500	753958	17572657	3029633	1922252
中部地区	Middle Region	6658338	158373	5154968	873626	471371
西部地区	Westren Region	6455777	209076	4883462	896738	466502
东北地区	Northeast Region	2217482	94978	1695453	289593	137458
北京	Beijing	1460669	26939	1151983	199261	82486
天津	Tianjin	872671	30484	684058	114907	43222
河北	Hebei	803362	31021	676255	58299	37788
山西	Shanxi	549000	9743	433784	60883	44590
内蒙古	Inner Mongolia	539858	34874	438592	63032	3360
辽宁	Liaoning	899614	34046	679970	124967	60631
吉林	Jilin	847261	36248	679524	97257	34232
黑龙江	Heilongjiang	470607	24684	335959	67368	42595
上海	Shanghai	939365	42353	739623	114667	42722
江苏	Jiangsu	8155114	361658	6171932	928754	692770
浙江	Zhejiang	2749636	70845	2200688	302900	175203
安徽	Anhui	579050	8754	444894	74639	50762
福建	Fujian	624054	9911	520969	73020	20154
江西	Jiangxi	616260	21838	472533	55190	66700
山东	Shandong	3918107	86272	2905929	572580	353326
河南	Henan	2381998	47502	1901046	356729	76721
湖北	Hubei	1461833	42480	1107552	187537	124264
湖南	Hunan	1070196	28056	795158	138648	108334
广东	Guangdong	3738522	94275	2508220	661445	474581
广西	Guangxi	450989	6963	372295	51651	20080
海南	Hainan	17000	200	13000	3800	
重庆	Chongqing	303540	13425	226929	44704	18482
四川	Sichuan	1470362	36503	1037096	215136	181627
贵州	Guizhou	710860	2569	571877	125805	10609
云南	Yunnan	503481	16388	416685	48115	22293
西藏	Tibet	2395	200	1600	595	
陕西	Shaanxi	1194457	29395	928144	169396	67523
甘肃	Gansu	359527	6288	225639	61782	65817
青海	Qinghai	404083	30336	310222	16598	46926
宁夏	Ningxia	97100	10683	63886	16840	5691
新疆	Xinjiang	332925	19001	221327	76099	16497
新疆兵团	Xinjiang Corps	86200	2450	69169	6984	7597

3-9 各地区国家级科技企业孵化器当年在孵企业情况

General Statistics of Tenants of State Level TBIs by Region

地 区	Region	在孵企业从业人员数(人) Number of Employees of Incubatees (person)	在孵企业总收入(千元) Total Income of Incubatees (1000 yuan)	当年获得投融资企业数(个) Number of Incubateess Obtained Investment and Finance (unit)	当年获风险投资额(千元) Amount of Venture Capital for Incubatees (1000 yuan)	当年获得孵化基金在孵企业(个) Number of Incubatees received incubator fund (unit)
合 计	**Total**	**1196486**	**268200601**	**4862**	**23714355**	**5155**
东部地区	Eastern Region	708860	175844145	3138	18897974	2721
中部地区	Middle Region	225343	41734536	866	2050590	1118
西部地区	Westren Region	178207	36873575	598	2210369	1013
东北地区	Northeast Region	84076	13748345	260	555423	303
北 京	Beijing	71879	30688778	424	5206745	162
天 津	Tianjin	48349	6565639	280	1032494	246
河 北	Hebei	32524	6412899	57	94006	93
山 西	Shanxi	12343	5263327	50	64380	56
内蒙古	Inner Mongolia	13669	5849598	22	26091	32
辽 宁	Liaoning	41529	6935627	131	280285	172
吉 林	Jilin	27551	4208552	87	93470	84
黑龙江	Heilongjiang	14996	2604166	42	181668	47
上 海	Shanghai	43032	8540013	368	3580428	173
江 苏	Jiangsu	221115	51844942	751	3315511	579
浙 江	Zhejiang	70403	20922558	298	1594675	651
安 徽	Anhui	22684	4673683	159	243590	159
福 建	Fujian	24569	4783241	165	1030385	47
江 西	Jiangxi	28328	5150390	90	216260	210
山 东	Shandong	90343	18989483	407	764244	541
河 南	Henan	74239	12329457	210	546499	427
湖 北	Hubei	50183	7992823	196	604758	130
湖 南	Hunan	37566	6324856	161	375102	136
广 东	Guangdong	104352	26763338	385	2248487	227
广 西	Guangxi	13176	1627811	23	99910	23
海 南	Hainan	2294	333253	3	31000	2
重 庆	Chongqing	15022	2984411	70	126460	70
四 川	Sichuan	39877	5860903	157	734722	297
贵 州	Guizhou	7483	1405893	22	54340	56
云 南	Yunnan	12300	4442253	28	40655	98
西 藏	Tibet	221	20652			11
陕 西	Shaanxi	49104	9895148	214	931191	226
甘 肃	Gansu	8998	992986	17	136190	76
青 海	Qinghai	6219	1810142	22	22960	28
宁 夏	Ningxia	2793	498631	10	4250	16
新 疆	Xinjiang	7081	1365821	13	33600	72
新疆兵团	Xinjiang Corps	2264	119326			8

3-10 计划单列市科技企业孵化器基本情况
General Statistics ofTBIs of the Cities Listed Independently in the State Plan

城 市	City	统计孵化器数 量 (个) Number of TBIs with Data (unit)	孵化器总收入 (千元) Total Income of TBIs (1000 yuan)	管理机构从业人员数 (人) Number of Management Personnel (person)	孵化基金总 额 (千元) Total Incubator Fund (1000 yuan)	创业导师人 数 (人) Number of Innovation Mentors (person)	对公共技术服务平台投资额 (千元) Investment into the Public Service Platform (1000 yuan)
合 计	**Total**	**258**	**2679360**	**5086**	**5995552**	**2859**	**565805**
大 连	Dalian	39	168552	522	211200	301	106669
宁 波	Ningbo	12	93794	179	165893	248	14636
厦 门	Xiamen	11	265215	258	200455	92	24091
青 岛	Qingdao	47	161062	675	857277	970	113053
深 圳	Shenzhen	149	1990738	3452	4560727	1248	307355

3-11 计划单列市科技企业孵化器孵化企业情况
Tenants Statistics of TBIs of the Cities Listed Independently in the State Plan

城 市	City	在孵企业数 (个) Number of Tenants (unit)	高新技术企业 (个) Hi-tech Companies (unit)	当年新增在孵企业 (个) New Incubatees (unit)	累计毕业企 业 (个) Accumulated Number of Graduated Tenants (unit)	当年毕业企业 (个) Number of Graduated Tenants ofthe Year (unit)	收入达5千万元企业数 (个) Number of Tenants with Income More than 50 million yuan (unit)
合 计	**Total**	**9709**	**866**	**3882**	**10400**	**1707**	**197**
大 连	Dalian	1468	110	534	1628	241	15
宁 波	Ningbo	1182	26	394	1178	128	17
厦 门	Xiamen	861	148	328	1146	126	78
青 岛	Qingdao	2750	90	1018	1222	307	33
深 圳	Shenzhen	3448	492	1608	5226	905	54

3-12 计划单列市科技企业孵化器孵化场地情况
Space Stastistics of TBIs of the Cities Listed Independently in the State Plan

单位：平方米 (sq.m)

城 市	City	总面积 Total Space Area	办公用房 Space for Office	企业用房 Space for Tenants	服务用房 Space for Service	其他 Others
合 计	**Total**	**6863646**	**823263**	**4482564**	**786630**	**771189**
大 连	Dalian	1129571	26117	909388	119867	74199
宁 波	Ningbo	589251	17881	412722	88959	69689
厦 门	Xiamen	488231	13322	388128	65592	21189
青 岛	Qingdao	1217786	63132	956108	130398	68148
深 圳	Shenzhen	3438807	702811	1816218	381813	537964

3-13 计划单列市科技企业孵化器当年在孵企业情况
Annual Statistics of Incubatees of TBIs of the Cities Listed Independently in the State Plan

城 市	City	在孵企业从业人员数（人） Number of Employees of Incubatees (person)	在孵企业总收入（千元） Total Income of Incubatees (1000 yuan)	当年获得投融资企业数（个） Number of Incubateess Obtained Investment and Finance (unit)	当年获风险投资额（千元） Amount of Venture Capital for Incubatees (1000 yuan)	当年获得孵化基金在孵企业数（个） Number of Incubatees received incubator fund (unit)
合 计	**Total**	**152917**	**43397239**	**737**	**5184783**	**819**
大 连	Dalian	23534	4508858	96	373765	107
宁 波	Ningbo	13624	2894231	63	336520	110
厦 门	Xiamen	16164	2953033	159	938994	61
青 岛	Qingdao	30970	5416350	137	403582	176
深 圳	Shenzhen	68625	27624767	282	3131923	365

3-14 计划单列市国家级科技企业孵化器基本情况
General Statistics of State Level TBIs of the Cities Listed Independently in the State Plan

城市	City	统计孵化器数量(个) Number of TBIs with Data (unit)	孵化器总收入(千元) Total Income of TBIs (1000 yuan)	管理机构从业人员数(人) Total Number of Management Personnel (person)	孵化基金总额(千元) Total Incubator Fund (1000 yuan)	创业导师人数(人) Number of Innovation Mentors (person)	对公共技术服务平台投资额(千元) Investment into the Public Service Platform (1000 yuan)
合　计	**Total**	**57**	**804808**	**1066**	**1363338**	**1192**	**164443**
大　连	Dalian	10	85396	188	78900	127	14975
宁　波	Ningbo	9	77041	145	156863	211	14556
厦　门	Xiamen	4	238770	143	183455	40	17141
青　岛	Qingdao	17	116988	290	402520	553	69243
深　圳	Shenzhen	17	286612	300	541600	261	48527

3-15 计划单列市国家级科技企业孵化器孵化企业情况
Tenants Statistics of State Level TBIs of the Cities Listed Independently in the State Plan

城市	City	在孵企业数(个) Number of Tenants (unit)	高新技术企业(个) Hi-tech Companies (unit)	当年新增在孵企业(个) New Incubatees (unit)	累计毕业企业(个) Accumulated Number of Graduated Tenants (unit)	当年毕业企业(个) Number of Graduated Tenants of the Year (unit)	收入达5千万元企业(个) Number of Tenants with Income More than 50 million yuan (unit)
合　计	**Total**	**5098**	**489**	**1641**	**6384**	**799**	**176**
大　连	Dalian	773	82	250	1082	119	12
宁　波	Ningbo	997	23	317	1124	120	17
厦　门	Xiamen	612	129	222	934	87	78
青　岛	Qingdao	1349	53	384	1016	213	31
深　圳	Shenzhen	1367	202	468	2228	260	38

3-16 计划单列市国家级科技企业孵化器孵化场地情况
Space Stastistics of State Level TBIs of the Cities Listed Independently in the State Plan

单位：平方米 (sq.m)

城市	City	总面积 Total Space Area	办公用房 Space for Office	企业用房 Space for Tenants	服务用房 Space for Service	其他 Others
合计	**Total**	**2416323**	**57940**	**1902702**	**279663**	**176019**
大连	Dalian	310186	6760	226552	45908	30966
宁波	Ningbo	465277	16371	347264	69059	32583
厦门	Xiamen	386463	5182	329576	36912	14793
青岛	Qingdao	623127	12059	501991	58642	50435
深圳	Shenzhen	631271	17566	497320	69143	47242

3-17 计划单列市国家级科技企业孵化器当年在孵企业情况
General Statistics of Tenants of State Level TBIs of the Cities Listed Independently in the State Plan

城市	City	在孵企业从业人员数（人） Number of Employees of Incubatees (person)	在孵企业总收入（千元） Total Income of Incubatees (1000 yuan)	当年获得投融资企业数（个） Number of Incubateess Obtained Investment and Finance (unit)	当年获风险投资额（千元） Amount of Venture Capital for Incubatees (1000 yuan)	当年获得孵化基金在孵企业数（个） Number of Incubatees received incubator fund (unit)
合计	**Total**	**83384**	**19508974**	**509**	**2561399**	**281**
大连	Dalian	13810	2479035	87	162885	71
宁波	Ningbo	12389	2836481	62	332520	69
厦门	Xiamen	13202	2424082	136	891262	40
青岛	Qingdao	19042	4454766	92	203140	72
深圳	Shenzhen	24941	7314610	132	971592	29

第四部分

众创空间

The Fourth Part

Mass Maker Spaces

4-1 各地区众创空间基本运营情况
General Statistics of Mass Maker Spaces by Region

地　区	Region	统计众创空间数量（个） Number of Mass Maker Spaces with Data (unit)	众创空间总收入（千元） Total Income of Mass Maker Spaces (1000 yuan)	提供工位数（个） Number of Cubicles Offered (unit)	众创空间服务人员数量（人） Number of Service Personnel (person)	创业导师人数（人） Number of Innovation Mentors (person)	享受财政资金支持额（千元） Received Fiscal Fund Support (1000 yuan)
合　计	**Total**	**4298**	**15066967**	**776956**	**128241**	**83120**	**2702393**
东部地区	Eastern Region	2491	9947390	443012	69762	46324	1352229
中部地区	Middle Region	511	2658913	100704	21733	12189	663573
西部地区	Westren Region	1022	1863884	158713	31220	19661	565926
东北地区	Northeast Region	274	596779	74527	5526	4946	120665
北　京	Beijing	133	1313263	69664	4181	4677	150629
天　津	Tianjin	143	4861831	22954	5244	4444	74981
河　北	Hebei	291	269600	40810	4907	5130	54103
山　西	Shanxi	131	231309	21651	2388	2828	19037
内蒙古	Inner Mongolia	85	152793	15379	1779	1881	97843
辽　宁	Liaoning	119	191297	19772	1586	2075	19881
吉　林	Jilin	105	352700	49155	3101	2022	34851
黑龙江	Heilongjiang	50	52782	5600	839	849	65933
上　海	Shanghai	111	311633	33395	2239	2259	53827
江　苏	Jiangsu	407	796284	51778	8740	6432	343839
浙　江	Zhejiang	255	478629	39415	4162	4745	253267
安　徽	Anhui	105	100789	12031	3301	1612	80203
福　建	Fujian	241	358782	40453	6452	4016	51228
江　西	Jiangxi	83	1971162	25621	10959	2786	44494
山　东	Shandong	395	557332	60531	21526	6179	158970
河　南	Henan	88	129406	22277	1923	2354	169704
湖　北	Hubei	51	101961	7512	1322	1161	309129
湖　南	Hunan	53	124285	11612	1840	1448	41005
广　东	Guangdong	508	993060	82689	12217	8255	203291
广　西	Guangxi	24	15184	3984	341	398	5144
海　南	Hainan	7	6976	1323	94	187	8095
重　庆	Chongqing	257	523346	43666	4650	4742	135787
四　川	Sichuan	103	239549	21621	2469	2867	60821
贵　州	Guizhou	40	56165	5390	690	694	84308
云　南	Yunnan	58	51027	9246	2418	1310	40996
西　藏	Tibet						
陕　西	Shaanxi	161	220261	32426	11582	3795	35185
甘　肃	Gansu	211	535006	20978	6076	2684	74283
青　海	Qinghai	4	2828	228	30	227	5251
宁　夏	Ningxia	12	8135	1121	511	211	3590
新　疆	Xinjiang	29	47407	3334	349	508	16047
新疆兵团	Xinjiang Corps	38	12183	1340	325	344	6671

4-2 各地区众创空间服务情况

Service Statistics of Mass Maker Spaces by Region

地 区	Region	当年服务的创业团队数量 (个) Number of Serviced Entrepreneurial Groups (unit)	当年服务的初创企业的数量 (个) Number of Serviced Startup Companies (unit)	举办创新创业活动 (场次) Number of Activities for Business Creation and Innovation (item)	开展创业教育培训 (场次) Number of Training Programs on Entrepreneurship (item)	当年提供技术支撑服务的团队和企业数量 (个) Number of Groups and Startups Received Technical Support (unit)	当年获得投融资的团队及企业的数量 (个) Number of Groups and Startups that Received Investment (unit)	团队及企业当年获得投资总额 (千元) Amount of Investment Received by Groups and Sartups (1000 yuan)
合 计	**Total**	**154329**	**119592**	**109092**	**77674**	**49221**	**14997**	**53963289**
东部地区	Eastern Region	90628	69875	63945	42594	28018	9149	42156989
中部地区	Middle Region	21449	16245	16498	12169	7849	2294	4294401
西部地区	Westren Region	32060	25154	21897	17721	10163	3003	6450530
东北地区	Northeast Region	10192	8318	6752	5190	3191	551	1061370
北 京	Beijing	16402	14309	5891	3409	3619	1487	17133384
天 津	Tianjin	5559	3202	4625	3697	1804	350	873938
河 北	Hebei	7391	5177	5673	4763	2377	687	1826130
山 西	Shanxi	4454	2979	3508	2803	859	189	1157149
内 蒙 古	Inner Mongolia	3743	4396	2062	1405	811	295	581332
辽 宁	Liaoning	5881	5281	3112	2290	1540	315	403098
吉 林	Jilin	3059	1925	2252	2123	1273	165	378959
黑 龙 江	Heilongjiang	1252	1112	1388	777	378	71	279313
上 海	Shanghai	7391	6965	4276	1569	1829	753	6992655
江 苏	Jiangsu	9440	7237	8449	5312	3360	1083	2667253
浙 江	Zhejiang	8322	6759	7945	4761	2522	1182	3483141
安 徽	Anhui	2174	2199	2321	1672	1229	526	375953
福 建	Fujian	8569	4080	3961	3345	1771	711	1756337
江 西	Jiangxi	4708	3440	3726	2467	1759	471	1086825
山 东	Shandong	10805	7651	10303	8009	4392	1005	1417292
河 南	Henan	5246	3047	2901	2644	2354	637	777041
湖 北	Hubei	3208	2831	2183	1224	628	204	467690
湖 南	Hunan	1659	1749	1859	1359	1020	267	429742
广 东	Guangdong	16531	14278	12492	7588	6303	1848	5935938
广 西	Guangxi	639	597	533	317	126	39	65627
海 南	Hainan	218	217	330	141	41	43	70920
重 庆	Chongqing	6258	5170	4391	2942	2478	658	1739639
四 川	Sichuan	5685	4320	3900	2451	1350	275	753216
贵 州	Guizhou	1488	777	991	966	528	82	73399
云 南	Yunnan	1553	1317	1067	1855	598	173	206032
西 藏	Tibet							
陕 西	Shaanxi	3874	2676	4377	2917	1691	449	841522
甘 肃	Gansu	6697	4088	3203	3311	1838	838	1919343
青 海	Qinghai	192	118	46	31	35	9	16800
宁 夏	Ningxia	395	355	196	631	198	42	72121
新 疆	Xinjiang	1075	921	839	554	280	87	104398
新疆兵团	Xinjiang Corps	461	419	292	341	230	56	77101

4-3 各地区众创空间收入情况

Income Stastistics of Mass Maker Spaces by Region

单位：千元 (1000 yuan)

地　区	Region	众创空间总收入 Total Income	服务收入 Service Income	投资收入 Investment Income	财政补贴 Fiscal Subsidy
合　计	**Total**	**15066967**	**9024238**	**1153296**	**2276603**
东部地区	Eastern Region	9947390	6301097	572729	1371488
中部地区	Middle Region	2658913	1950903	212703	237452
西部地区	Westren Region	1863884	622396	240195	544948
东北地区	Northeast Region	596779	149842	127670	122715
北　京	Beijing	1313263	491421	94181	124973
天　津	Tianjin	4861831	4511383	102435	210981
河　北	Hebei	269600	61384	28348	98874
山　西	Shanxi	231309	37705	89268	39968
内蒙古	Inner Mongolia	152793	19653	8978	85779
辽　宁	Liaoning	191297	65608	14331	53654
吉　林	Jilin	352700	66279	110451	48140
黑龙江	Heilongjiang	52782	17955	2888	20921
上　海	Shanghai	311633	133776	7748	52774
江　苏	Jiangsu	796284	282418	87824	246875
浙　江	Zhejiang	478629	121876	69770	126150
安　徽	Anhui	100789	14938	20625	36858
福　建	Fujian	358782	117786	52482	107700
江　西	Jiangxi	1971162	1811490	67611	32184
山　东	Shandong	557332	208050	69859	121042
河　南	Henan	129406	38254	16216	44912
湖　北	Hubei	101961	18734	8379	39156
湖　南	Hunan	124285	29782	10604	44374
广　东	Guangdong	993060	369494	60080	280173
广　西	Guangxi	15184	3041		11027
海　南	Hainan	6976	3509		1945
重　庆	Chongqing	523346	224868	64576	131563
四　川	Sichuan	239549	78443	5853	84991
贵　州	Guizhou	56165	17908	1938	25430
云　南	Yunnan	51027	8566	2895	31520
西　藏	Tibet				
陕　西	Shaanxi	220261	61578	42533	56154
甘　肃	Gansu	535006	192021	109367	87420
青　海	Qinghai	2828	510		1450
宁　夏	Ningxia	8135	1179	1724	3870
新　疆	Xinjiang	47407	12062	1215	20514
新疆兵团	Xinjiang Corps	12183	2566	1116	5230

4-4 各地区众创空间创业团队和企业情况

Statistics of Groups and Startups of Mass Maker Spaces by Region

地区	Region	大学生创业（个）Created by College Graduates (unit)	留学归国创业（个）Created by Returned Overseas Scholars (uni)	科技人员创业（个）Created by Tenical Personnel (unit)	大企业高管离职创业（个）Created by Senior Managers from Big Companies (unit)	连续创业（个）Created by Serial Entrepreneurs (unit)
合　计	**Total**	**62823**	**5426**	**28374**	**10159**	**20520**
东部地区	Eastern Region	29575	3892	16692	6301	11709
中部地区	Middle Region	11585	570	4000	1362	2990
西部地区	Westren Region	17869	737	6088	2019	4788
东北地区	Northeast Region	3794	227	1594	477	1033
北　京	Beijing	3259	1100	2830	1280	1279
天　津	Tianjin	3666	164	1429	283	472
河　北	Hebei	3082	89	1134	299	1035
山　西	Shanxi	2001	102	568	167	615
内蒙古	Inner Mongolia	2046	46	310	99	519
辽　宁	Liaoning	1471	110	728	288	615
吉　林	Jilin	1504	79	519	128	321
黑龙江	Heilongjiang	819	38	347	61	97
上　海	Shanghai	697	474	672	430	905
江　苏	Jiangsu	3941	466	2474	903	1319
浙　江	Zhejiang	3469	383	1499	557	1307
安　徽	Anhui	1035	133	628	217	350
福　建	Fujian	2268	190	707	545	1287
江　西	Jiangxi	2983	57	696	504	622
山　东	Shandong	5185	363	1959	726	1855
河　南	Henan	3512	122	1208	218	546
湖　北	Hubei	1283	84	411	96	252
湖　南	Hunan	771	72	489	160	605
广　东	Guangdong	3894	651	3945	1242	2213
广　西	Guangxi	472	15	123	48	201
海　南	Hainan	114	12	43	36	37
重　庆	Chongqing	3702	155	1745	495	714
四　川	Sichuan	2447	189	1430	654	975
贵　州	Guizhou	524	22	174	27	133
云　南	Yunnan	1986	32	225	71	284
西　藏	Tibet					
陕　西	Shaanxi	2908	159	789	282	793
甘　肃	Gansu	2655	83	988	221	745
青　海	Qinghai	112	3	10	4	18
宁　夏	Ningxia	222	8	34	14	81
新　疆	Xinjiang	491	15	170	63	170
新疆兵团	Xinjiang Corps	304	10	90	41	155

4-4 续表 continued

地 区	Region	创业团队和企业吸纳就业情况（人） Number of Employment by Groups and Startups (person)	吸纳应届毕业大学生就业（人） Number of Recruited College Graduates (person)	常驻企业和团队拥有的有效知识产权数量（个） Valid IPRs Held by Tenants (piece)	发明专利数量（个） Invention Patents (piece)	新注册企业数量（家） Newly Registered Companies (unit)
合 计	**Total**	**993569**	**303741**	**79615**	**17957**	**71556**
东部地区	Eastern Region	524135	154801	45403	10789	42268
中部地区	Middle Region	164414	57363	15470	2549	9440
西部地区	Westren Region	227965	73229	15752	3777	13823
东北地区	Northeast Region	77055	18348	2990	842	6025
北 京	Beijing	92971	26407	7635	1781	6964
天 津	Tianjin	19167	6053	2666	730	2767
河 北	Hebei	50363	14886	2717	751	3632
山 西	Shanxi	26906	10710	1315	233	2423
内 蒙 古	Inner Mongolia	32751	6961	908	243	1104
辽 宁	Liaoning	40987	7530	884	390	4364
吉 林	Jilin	29019	8841	709	250	969
黑 龙 江	Heilongjiang	7049	1977	1397	202	692
上 海	Shanghai	31748	8364	2158	737	2178
江 苏	Jiangsu	67704	19469	6886	1860	4515
浙 江	Zhejiang	56128	15565	4325	1066	8144
安 徽	Anhui	17627	5445	1942	450	1322
福 建	Fujian	34920	10140	2498	573	2522
江 西	Jiangxi	35117	13566	5748	556	2217
山 东	Shandong	87352	31972	5110	1387	5353
河 南	Henan	36379	13966	3879	752	1703
湖 北	Hubei	21991	8836	1614	296	938
湖 南	Hunan	26394	4840	972	262	837
广 东	Guangdong	81946	21595	11336	1879	6050
广 西	Guangxi	3277	1196	319	219	223
海 南	Hainan	1836	350	72	25	143
重 庆	Chongqing	51171	17566	4040	1167	3255
四 川	Sichuan	40338	13325	4759	456	1917
贵 州	Guizhou	10119	2682	498	167	542
云 南	Yunnan	9044	2974	1060	151	1242
西 藏	Tibet					
陕 西	Shaanxi	32213	11064	1734	612	2179
甘 肃	Gansu	35111	12080	1615	570	2050
青 海	Qinghai	2492	1995	30	12	69
宁 夏	Ningxia	1853	525	113	11	167
新 疆	Xinjiang	7019	2144	485	108	778
新疆兵团	Xinjiang Corps	2577	717	191	61	297

4-5 各地区国家备案众创空间基本运营情况
General Statistics of National Mass Maker Spaces by Region

地　区	Region	统计众创空间数量（个）Number of Mass Maker Spaces with Data (unit)	众创空间总收入（千元）Total Income of Mass Maker Spaces (1000 yuan)	提供工位数（个）Number of Cubicles Offered (unit)	众创空间服务人员数量（人）Number of Service Personnel (person)	创业导师人数（人）Number of Innovation Mentors (person)	享受财政资金支持额（千元）Received Fiscal Fund Support (1000 yuan)
合　计	**Total**	**1303★**	**8318903**	**284449**	**45784**	**33245**	**1285076**
东部地区	Eastern Region	840	7370635	195876	30887	20917	555757
中部地区	Middle Region	120	261176	22842	4904	3938	402576
西部地区	Westren Region	260	554900	51046	8503	6618	242563
东北地区	Northeast Region	83	132192	14685	1490	1772	84180
北　京	Beijing	111	1153549	64279	3625	4226	124189
天　津	Tianjin	73	4785766	11476	3690	2453	45787
河　北	Hebei	72	82998	12124	958	1696	18871
山　西	Shanxi	10	11678	1955	148	325	5160
内蒙古	Inner Mongolia	35	80819	7187	898	921	82223
辽　宁	Liaoning	47	57785	8701	624	927	10010
吉　林	Jilin	12	43700	2760	443	273	10430
黑龙江	Heilongjiang	24	30708	3224	423	572	63739
上　海	Shanghai	46	135751	14002	433	981	13322
江　苏	Jiangsu	94	246717	11554	1205	1549	98264
浙　江	Zhejiang	77	172983	14290	759	2022	46508
安　徽	Anhui	24	27328	3525	2397	696	64132
福　建	Fujian	26	67885	9716	329	539	14238
江　西	Jiangxi	10	49412	1586	449	375	2050
山　东	Shandong	162	164975	27107	16686	3090	58096
河　南	Henan	14	22952	3382	243	557	12327
湖　北	Hubei	32	73887	4829	1152	873	300160
湖　南	Hunan	30	75919	7565	515	1112	18747
广　东	Guangdong	178	558841	31178	3195	4338	135182
广　西	Guangxi	11	12045	2931	123	228	3749
海　南	Hainan	1	1172	150	7	23	1300
重　庆	Chongqing	32	94972	9477	781	588	29613
四　川	Sichuan	54	168340	13579	1004	1366	41773
贵　州	Guizhou	20	23581	2085	255	309	14313
云　南	Yunnan	27	18501	4518	371	780	17650
西　藏	Tibet						
陕　西	Shaanxi	42	77178	8214	4497	1674	21807
甘　肃	Gansu	14	50968	849	325	183	13291
青　海	Qinghai	4	2828	228	30	227	5251
宁　夏	Ningxia						
新　疆	Xinjiang	14	21733	1491	148	288	11182
新疆兵团	Xinjiang Corps	7	3936	487	71	54	1710

注：截至2016年底，全国共有国家备案众创空间1337家，其中上报数据的国家备案众创空间1303家，有34家国家备案众创空间未上报数据。表中有关数据均为1303家上报数据的国家备案众创空间汇总数据。

4-6 各地区国家备案众创空间服务情况

Service Statistics of National Mass Maker Spaces by Region

地 区	Region	当年服务的创业团队数量 (个) Number of Serviced Entrepreneurial Groups (unit)	当年服务的初创企业的数量 (个) Number of Serviced Startup Companies (unit)	举办创新创业活动 (场次) Number of Activities for Business Creation and Innovation (item)	开展创业教育培训 (场次) Number of Training Programs on Entrepreneurship (item)	当年提供技术支撑服务的团队和企业数量 (个) Number of Groups and Startups Received Technical Support (unit)	当年获得投融资的团队及企业的数量 (个) Number of Groups and Startups that Received Investment (unit)	团队及企业当年获得投资总额 (千元) Amount of Investment Received by Groups and Sartups (1000 yuan)
合 计	**Total**	**65562**	**57668**	**50978**	**30076**	**20680**	**6463**	**32762849**
东部地区	Eastern Region	42421	37053	32518	18717	13590	4723	28752867
中部地区	Middle Region	7406	5808	5585	3549	2720	558	1421667
西部地区	Westren Region	10680	10253	9461	5461	3214	954	1965965
东北地区	Northeast Region	5055	4554	3414	2349	1156	228	622350
北 京	Beijing	15280	13297	5423	2952	2473	1389	16552714
天 津	Tianjin	3503	2340	3135	2280	1122	246	568126
河 北	Hebei	2435	1571	1697	1388	734	239	984777
山 西	Shanxi	754	483	451	191	102	20	26171
内蒙古	Inner Mongolia	2176	3262	1110	696	336	147	224332
辽 宁	Liaoning	3681	3453	1895	1483	802	149	246605
吉 林	Jilin	486	271	598	359	127	27	106950
黑龙江	Heilongjiang	888	830	921	507	227	52	268795
上 海	Shanghai	2385	2711	2275	712	1291	300	2125259
江 苏	Jiangsu	2289	2314	2692	1439	972	310	1204023
浙 江	Zhejiang	3111	2226	3722	1453	1306	676	2025534
安 徽	Anhui	922	757	853	404	584	107	211864
福 建	Fujian	1280	793	1065	516	419	89	633582
江 西	Jiangxi	710	382	572	368	144	94	582670
山 东	Shandong	4452	3576	5912	3890	2263	448	586097
河 南	Henan	1348	712	655	568	512	61	61140
湖 北	Hubei	2552	2258	1789	949	489	138	245290
湖 南	Hunan	1120	1216	1265	1069	889	138	294533
广 东	Guangdong	7660	8207	6542	4069	3005	1023	4064006
广 西	Guangxi	397	411	314	144	82	23	23319
海 南	Hainan	26	18	55	18	5	3	8750
重 庆	Chongqing	954	1179	1259	470	472	131	329297
四 川	Sichuan	2994	2331	2537	1414	849	181	630277
贵 州	Guizhou	811	419	623	574	122	53	23489
云 南	Yunnan	821	700	370	516	264	56	161609
西 藏	Tibet							
陕 西	Shaanxi	1444	846	2330	1170	693	252	404866
甘 肃	Gansu	470	330	316	133	203	30	59646
青 海	Qinghai	192	118	46	31	35	9	16800
宁 夏	Ningxia							
新 疆	Xinjiang	316	605	490	246	121	62	85680
新疆兵团	Xinjiang Corps	105	52	66	67	37	10	6650

4-7 各地区国家备案众创空间收入情况

Income Stastistics of National Mass Maker Spaces by Region

单位：千元 (1000 yuan)

地 区	Region	众创空间总收入 Total Income	服务收入 Service Income	投资收入 Investment Income	财政补贴 Fiscal Subsidy
合 计	**Total**	**8318903**	**5694842**	**342019**	**1157929**
东部地区	Eastern Region	7370635	5463283	275689	725362
中部地区	Middle Region	261176	68218	40859	91296
西部地区	Westren Region	554900	137418	16207	274292
东北地区	Northeast Region	132192	25922	9264	66978
北 京	Beijing	1153549	430058	93163	93707
天 津	Tianjin	4785766	4503861	95737	158597
河 北	Hebei	82998	6617	7531	45640
山 西	Shanxi	11678	3809	302	6329
内蒙古	Inner Mongolia	80819	1651	2660	71815
辽 宁	Liaoning	57785	10663	780	31272
吉 林	Jilin	43700	4174	5866	26929
黑龙江	Heilongjiang	30708	11085	2618	8777
上 海	Shanghai	135751	63098	200	24381
江 苏	Jiangsu	246717	101501	21041	86629
浙 江	Zhejiang	172983	27437	37898	61630
安 徽	Anhui	27328	2997	1187	15564
福 建	Fujian	67885	12249	3450	35001
江 西	Jiangxi	49412	20037	24915	1850
山 东	Shandong	164975	61882	6842	54835
河 南	Henan	22952	8473	300	10524
湖 北	Hubei	73887	16925	7735	31654
湖 南	Hunan	75919	15977	6421	25374
广 东	Guangdong	558841	256452	9827	164073
广 西	Guangxi	12045	2287		9393
海 南	Hainan	1172	127		870
重 庆	Chongqing	94972	25645	4647	32009
四 川	Sichuan	168340	60198	3067	52980
贵 州	Guizhou	23581	4809	555	16480
云 南	Yunnan	18501	2456	300	13970
西 藏	Tibet				
陕 西	Shaanxi	77178	16646	1239	35882
甘 肃	Gansu	50968	19065	3200	26040
青 海	Qinghai	2828	510		1450
宁 夏	Ningxia				
新 疆	Xinjiang	21733	2657	120	12774
新疆兵团	Xinjiang Corps	3936	1494	420	1500

4-8 各地区国家备案众创空间创业团队和企业情况
Statistics of Groups and Startups of National Mass Maker Spaces by Region

地　区	Region	大学生创业 (个) Created by College Graduates (unit)	留学归国创业 (个) Created by Returned Overseas Scholars (uni)	科技人员创业 (个) Created by Tenical Personnel (unit)	大企业高管离职创业 (个) Created by Senior Managers from Big Companies (unit)	连续创业 (个) Created by Serial Entrepreneurs (unit)
合　计	**Total**	**24747**	**2984**	**12501**	**4519**	**8678**
东部地区	Eastern Region	13489	2316	8543	3375	5540
中部地区	Middle Region	3401	212	1279	366	1055
西部地区	Westren Region	6099	362	2055	567	1615
东北地区	Northeast Region	1758	94	624	211	468
北　京	Beijing	3116	977	2198	1151	1102
天　津	Tianjin	2199	127	1000	224	363
河　北	Hebei	1119	26	350	104	361
山　西	Shanxi	253	29	92	11	91
内蒙古	Inner Mongolia	1061	19	129	37	255
辽　宁	Liaoning	828	60	328	151	352
吉　林	Jilin	297	8	55	17	50
黑龙江	Heilongjiang	633	26	241	43	66
上　海	Shanghai	215	249	419	171	627
江　苏	Jiangsu	1196	194	821	394	479
浙　江	Zhejiang	1606	215	798	272	647
安　徽	Anhui	469	42	261	83	131
福　建	Fujian	277	29	98	97	137
江　西	Jiangxi	572	6	121	31	133
山　东	Shandong	2033	163	1061	324	642
河　南	Henan	796	32	164	36	61
湖　北	Hubei	849	54	283	72	160
湖　南	Hunan	462	49	358	133	479
广　东	Guangdong	1702	334	1795	632	1177
广　西	Guangxi	414	11	56	35	112
海　南	Hainan	26	2	3	6	5
重　庆	Chongqing	586	58	591	170	139
四　川	Sichuan	1502	140	449	89	384
贵　州	Guizhou	285	8	87	21	84
云　南	Yunnan	475	24	106	42	133
西　藏	Tibet					
陕　西	Shaanxi	1138	56	316	98	334
甘　肃	Gansu	185	28	127	18	45
青　海	Qinghai	112	3	10	4	18
宁　夏	Ningxia					
新　疆	Xinjiang	259	10	154	47	68
新疆兵团	Xinjiang Corps	82	5	30	6	43

4-8 续表 continued

地 区	Region	创业团队和企业吸纳就业情况（人）Number of Employment by Groups and Startups (person)	吸纳应届毕业大学生就业（人）Number of Recruited College Graduates (person)	常驻企业和团队拥有的有效知识产权数量（个）Valid IPRs Held by Tenants (piece)	发明专利数量（个）Invention Patents (piece)	新注册企业数量（家）Newly Registered Companies (unit)
合 计	**Total**	**436232**	**133928**	**40275**	**8467**	**35368**
东部地区	Eastern Region	258406	81043	22415	5579	23995
中部地区	Middle Region	55160	18608	7371	795	2713
西部地区	Westren Region	91326	28030	8710	1699	4926
东北地区	Northeast Region	31340	6247	1779	394	3734
北 京	Beijing	85205	24311	6904	1581	6487
天 津	Tianjin	14394	4417	1963	515	2024
河 北	Hebei	18411	5837	831	312	916
山 西	Shanxi	4558	1701	273	44	519
内 蒙 古	Inner Mongolia	22349	4364	590	130	647
辽 宁	Liaoning	23052	4282	303	158	3091
吉 林	Jilin	3407	608	133	46	132
黑 龙 江	Heilongjiang	4881	1357	1343	190	511
上 海	Shanghai	14766	3811	939	332	1469
江 苏	Jiangsu	17003	6031	2279	545	1306
浙 江	Zhejiang	22711	6998	2131	457	6053
安 徽	Anhui	7154	1673	782	213	408
福 建	Fujian	11411	3066	300	52	401
江 西	Jiangxi	4260	2190	4186	31	260
山 东	Shandong	36005	15509	2579	697	2227
河 南	Henan	7159	3167	404	91	349
湖 北	Hubei	17244	6699	1177	224	630
湖 南	Hunan	14785	3178	549	192	547
广 东	Guangdong	38237	10976	4482	1088	3095
广 西	Guangxi	1712	726	286	204	126
海 南	Hainan	263	87	7		17
重 庆	Chongqing	13548	4983	1277	427	691
四 川	Sichuan	21135	6433	4281	349	1046
贵 州	Guizhou	6903	1711	305	76	320
云 南	Yunnan	5532	1626	508	113	381
西 藏	Tibet					
陕 西	Shaanxi	9480	3337	898	275	889
甘 肃	Gansu	2836	906	106	40	186
青 海	Qinghai	2492	1995	30	12	69
宁 夏	Ningxia					
新 疆	Xinjiang	4949	1793	373	51	538
新疆兵团	Xinjiang Corps	390	156	56	22	33

4-9 计划单列市众创空间基本运营情况
General Statistics of Mass Maker Spaces of the Cities Listed Independently in the State Plan

城　市	City	统计众创空间数量（个） Number of Mass Maker Spaces with Data (unit)	众创空间总收入（千元） Total Income of Mass Maker Spaces (1000 yuan)	提供工位数（个） Number of Cubicles Offered (unit)	众创空间服务人员数量（人） Number of Service Personnel (person)	创业导师人数（人） Number of Innovation Mentors (person)	享受财政资金支持额（千元） Received Fiscal Fund Support (1000 yuan)
合　计	**Total**	**521**	**1175552**	**87067**	**14224**	**8442**	**233552**
大　连	Dalian	54	60193	6784	465	623	5414
宁　波	Ningbo	38	170454	6799	657	720	74235
厦　门	Xiamen	141	220969	21752	4898	2157	19154
青　岛	Qingdao	108	71647	13924	4544	1530	38517
深　圳	Shenzhen	180	652289	37808	3660	3412	96232

4-10 计划单列市众创空间服务情况
Service Statistics of Mass Maker Spaces of the Cities Listed Independently in the State Plan

城　市	City	当年服务的创业团队数量（个） Number of Serviced Entrepreneurial Groups (unit)	当年服务的初创企业的数量（个） Number of Serviced Startup Companies (unit)	举办创新创业活动（场次） Number of Activities for Business Creation and Innovation (item)	开展创业教育培训（场次） Number of Training Programs on Entrepreneurship (item)	当年提供技术支撑服务的团队和企业数量（个） Number of Groups and Startups Received Technical Support (unit)	当年获得投融资的团队及企业的数量（个） Number of Groups and Startups that Received Investment (unit)	团队及企业当年获得投资总额（千元） Amount of Investment Received by Groups and Sartups (1000 yuan)
合　计	**Total**	**18783**	**11407**	**13360**	**7878**	**6343**	**1699**	**5578375**
大　连	Dalian	2925	2415	1714	1104	662	154	249869
宁　波	Ningbo	2347	1749	741	465	719	292	367059
厦　门	Xiamen	5837	1922	2496	1869	1160	288	965930
青　岛	Qingdao	2368	1857	3800	2137	1140	246	440538
深　圳	Shenzhen	5306	3464	4609	2303	2662	719	3554978

4-11 计划单列市众创空间收入情况
Income Stastistics of Mass Maker Spaces of the Cities Listed Independently in the State Plan

单位：千元　　(1000 yuan)

城　市	City	众创空间总收入 Total Income	服务收入 Service Income	投资收入 Investment Income	财政补贴 Fiscal Subsidy
合　计	**Total**	**1175552**	**421218**	**136373**	**272031**
大　连	Dalian	60193	9004	11540	21757
宁　波	Ningbo	170454	25322	43150	46217
厦　门	Xiamen	220969	79185	32422	64682
青　岛	Qingdao	71647	22478	4438	14894
深　圳	Shenzhen	652289	285231	44823	124481

4-12 计划单列市众创空间创业团队和企业情况
Statistics of Groups and Startups of Mass Maker Spaces of the Cities Listed Independently in the State Plan

城市	City	大学生创业 (个) Created by College Graduates (unit)	留学归国创业 (个) Created by Returned Overseas Scholars (uni)	科技人员创业 (个) Created by Tenical Personnel (unit)	大企业高管离职创业 (个) Created by Senior Managers from Big Companies (unit)	连续创业 (个) Created by Serial Entrepreneurs (unit)
合　计	**Total**	**4805**	**814**	**3268**	**1313**	**2225**
大　连	Dalian	503	72	363	171	195
宁　波	Ningbo	1505	122	381	60	232
厦　门	Xiamen	832	93	369	365	658
青　岛	Qingdao	1011	82	615	197	394
深　圳	Shenzhen	954	445	1540	520	746

4-12 续表 continued

城市	City	创业团队和企业吸纳就业情况 (人) Number of Employment by Groups and Startups (person)	吸纳应届毕业大学生就业 (人) Number of Recruited College Graduates (person)	常驻企业和团队拥有的有效知识产权数量 (个) Valid IPRs Held by Tenants (piece)	发明专利数量 (个) Invention Patents (piece)	新注册企业数量 (家) Newly Registered Companies (unit)
合　计	**Total**	**86743**	**23511**	**11475**	**2306**	**11806**
大　连	Dalian	10304	2620	350	171	1981
宁　波	Ningbo	14037	4692	1422	383	5454
厦　门	Xiamen	13616	3796	1031	196	1351
青　岛	Qingdao	11576	4090	1283	475	1149
深　圳	Shenzhen	37210	8313	7389	1081	1871

4-13 计划单列市国家备案众创空间基本运营情况
General Statistics of National Mass Maker Spaces of the Cities Listed Independently in the State Plan

地　区	Region	统计众创空间数量（个）Number of Mass Maker Spaces with Data (unit)	众创空间总收入（千元）Total Income of Mass Maker Spaces (1000 yuan)	提供工位数（个）Number of Cubicles Offered (unit)	众创空间服务人员数量（人）Number of Service Personnel (person)	创业导师人数（人）Number of Innovation Mentors (person)	享受财政资金支持额（千元）Received Fiscial Fund Support (1000 yuan)
合　计	**Total**	**194**	**575937**	**32338**	**14224**	**8442**	**92310**
大　连	Dalian	26	27905	3321	465	623	4013
宁　波	Ningbo	19	96887	4155	657	720	13955
厦　门	Xiamen	14	29896	2397	4898	2157	3025
青　岛	Qingdao	66	46712	9719	4544	1530	25217
深　圳	Shenzhen	69	374537	12746	3660	3412	46099

4-14 计划单列市国家备案众创空间服务情况
Service Statistics of National Mass Maker Spaces of the Cities Listed Independently in the State Plan

城　市	City	当年服务的创业团队数量（个）Number of Serviced Entrepreneurial Groups (unit)	当年服务的初创企业的数量（个）Number of Serviced Startup Companies (unit)	举办创新创业活动（场次）Number of Activities for Business Creation and Innovation (item)	开展创业教育培训（场次）Number of Training Programs on Entrepreneurship (item)	当年提供技术支撑服务的团队和企业数量（个）Number of Groups and Startups Received Technical Support (unit)	当年获得投融资的团队及企业的数量（个）Number of Groups and Startups that Received Investment (unit)	团队及企业当年获得投资总额（千元）Amount of Investment Received by Groups and Sartups (1000 yuan)
合　计	**Total**	**7971**	**5771**	**7970**	**4292**	**3037**	**941**	**3417412**
大　连	Dalian	2130	1788	1251	834	436	73	165939
宁　波	Ningbo	1413	748	536	255	412	262	207733
厦　门	Xiamen	599	352	844	340	289	61	456352
青　岛	Qingdao	1664	1356	2848	1636	806	149	301871
深　圳	Shenzhen	2165	1527	2491	1227	1094	396	2285517

4-15 计划单列市国家备案众创空间收入情况

Income Stastistics of National Mass Maker Spaces of the Cities Listed Independently in the State Plan

单位：千元 (1000 yuan)

城市	City	众创空间总收入 Total Income	服务收入 Service Income	投资收入 Investment Income	财政补贴 Fiscal Subsidy
合计	**Total**	**575937**	**251825**	**44064**	**145870**
大连	Dalian	27905	5165	530	16792
宁波	Ningbo	96887	5820	33050	30549
厦门	Xiamen	29896	6458	1250	19082
青岛	Qingdao	46712	18690	2067	14373
深圳	Shenzhen	374537	215693	7167	65074

4-16 计划单列市国家备案众创空间创业团队和企业情况

Statistics of Groups and Startups of National Mass Maker Spaces of the Cities Listed Independently in the State Plan

城市	City	大学生创业 (个) Created by College Graduates (unit)	留学归国创业 (个) Created by Returned Overseas Scholars (uni)	科技人员创业 (个) Created by Tenical Personnel (unit)	大企业高管离职创业 (个) Created by Senior Managers from Big Companies (unit)	连续创业 (个) Created by Serial Entrepreneurs (unit)
合计	**Total**	**2709**	**421**	**1796**	**606**	**1043**
大连	Dalian	277	40	210	110	109
宁波	Ningbo	998	99	285	40	193
厦门	Xiamen	156	22	66	76	90
青岛	Qingdao	766	58	487	146	281
深圳	Shenzhen	512	202	748	234	370

4-16 续表 continued

城市	City	创业团队和企业吸纳就业情况 (人) Number of Employment by Groups and Startups (person)	吸纳应届毕业大学生就业 (人) Number of Recruited College Graduates (person)	常驻企业和团队拥有的有效知识产权数量 (个) Valid IPRs Held by Tenants (piece)	发明专利数量 (个) Invention Patents (piece)	新注册企业数量 (家) Newly Registered Companies (unit)
合计	**Total**	**44638**	**13279**	**4151**	**1211**	**8881**
大连	Dalian	6841	1558	155	72	1670
宁波	Ningbo	9730	3658	855	224	5079
厦门	Xiamen	3811	735	125	21	312
青岛	Qingdao	8986	3489	921	334	767
深圳	Shenzhen	15270	3839	2095	560	1053

第五部分

国家大学科技园

The Fifth Part

National University Science Parks

5-1 国家大学科技园主要经济指标
Main Economic Indicators of National University Science Parks

年份 Year	大学科技园（个）Number of University Science Parks (unit)	场地面积（万平方米）Space Area (10000 sq.m)	在孵企业数（个）Number of Tenants (unit)	当年新孵企业（个）New Tenants of the Year (unit)	在孵企业总收入（亿元）Total Income of Tenants (100 million yuan)	在孵企业人数（万人）Number of Employees of Tenants (10000 person)	累计毕业企业（个）Accumulated Number of Graduated Tenants (unit)
2004	42	478.4	4978	1120	226.2	6.5	1137
2005	49	500.5	6075	1213	271.9	11.0	1320
2006	62	517.0	6720	1348	295.0	13.6	1794
2007	62	528.3	6574	1359	295.1	12.9	1958
2008	68	698.2	6173	1294	247.2	12.5	2979
2009	76	814.3	6541	1396	498.9	13.9	3673
2010	86	814.5	6617	1858	221.6	12.8	4363
2011	85	766.7	6923	1673	170.5	13.1	5137
2012	94	919.4	7369	1787	206.7	13.2	5715
2013	94	775.9	8204	2028	262.1	14.7	6515
2014	115	801.7	9972	2828	361.2	16.3	7192
2015	115	745.9	10118	2837	277.2	14.6	8219
2016	115	737.8	9861	2573	289.5	13.2	9189

5-2 各地区国家大学科技园基本情况
General Statistics of National University Science Parks by Region

地　区	Region	入统大学科技园数量（个）Number of University Science Parks (unit)	管理机构从业人员总数（人）Total Number of Administration Employees (person)	孵化基金总额（千元）Total Value of Incubation Fund (1000 yuan)	年末固定资产净值（千元）Year End Net Value of Fixed Asset (1000 yuan)	场地面积（平方米）Space Area (sq.m)
合　计	**National Total**	**115**	**2775**	**1439604**	**4018976**	**7378204**
东部地区	Eastern Region	65	1589	720682	2324619	4422914
中部地区	Middle Region	12	351	231275	1132845	1786455
西部地区	Westren Region	24	516	353555	288291	699968
东北地区	Northeast Region	14	319	134092	273220	468867
北　京	Beijing	15	491	118174	396518	1119589
天　津	Tianjin	1	9	10000	374	171900
河　北	Hebei	3	77	11500	84635	184747
山　西	Shanxi	1	22	5000	436	17923
内蒙古	Inner Mongolia	1	19	250000		47924
辽　宁	Liaoning	6	124	31100	31029	213779
吉　林	Jilin	3	28	32957	4080	66800
黑龙江	Heilongjiang	5	167	70035	238111	188288
上　海	Shanghai	13	399	216770	204040	782637
江　苏	Jiangsu	15	288	193710	634739	1327064
浙　江	Zhejiang	6	100	76000	253416	213848
安　徽	Anhui	1	62	24757	108226	148080
福　建	Fujian	2	27	5000	462	32371
江　西	Jiangxi	3	42	25000	84993	295860
山　东	Shandong	5	100	35528	673879	435595
河　南	Henan	2	66	35150	173582	600000
湖　北	Hubei	3	102	128550	733766	612272
湖　南	Hunan	2	57	12818	31842	112320
广　东	Guangdong	3	47	45000	18014	100103
广　西	Guangxi	1	12	6000	5	34148
海　南	Hainan	2	51	9000	58544	55060
重　庆	Chongqing	2	28	3500	4977	41724
四　川	Sichuan	5	160	54838	93808	235969
贵　州	Guizhou	2	23	67	1123	37573
云　南	Yunnan	2	68	800	7523	49000
西　藏	Tibet					
陕　西	Shaanxi	4	91	22000	80259	94134
甘　肃	Gansu	3	58	3500	7454	65439
青　海	Qinghai	1	17		128	10080
宁　夏	Ningxia	1	9	5000	4656	40520
新　疆	Xinjiang	1	21	3000	26990	15049
新疆兵团	Xinjiang Corps	1	10	4850	61370	28408

5-3 各地区国家大学科技园人员情况

Personnel of National University Science Parks by Region

单位：人 (person)

地 区	Region	管理机构从业人员总数 Total Number of Administration Employees	博士 Doctor	硕士 Master	研究生学历 Post-graduate	本科 Under-graduate	大专 Junior College	留学回国人员 Returned Overseas Scholars
合 计	**National Total**	**2775**	**165**	**689**	**768**	**1536**	**320**	**89**
东部地区	Eastern Region	1589	92	396	429	851	195	52
中部地区	Middle Region	351	11	77	77	201	57	16
西部地区	Westren Region	516	31	124	142	313	42	10
东北地区	Northeast Region	319	31	92	120	171	26	11
北 京	Beijing	491	39	138	161	226	86	19
天 津	Tianjin	9			1	6	2	
河 北	Hebei	77	5	15	19	52	4	2
山 西	Shanxi	22	3	12	10	10	2	
内蒙古	Inner Mongolia	19		2	2	17		2
辽 宁	Liaoning	124	10	28	38	71	15	4
吉 林	Jilin	28	6	12	15	11		
黑龙江	Heilongjiang	167	15	52	67	89	11	7
上 海	Shanghai	399	16	73	61	226	61	12
江 苏	Jiangsu	288	19	104	113	136	12	15
浙 江	Zhejiang	100	3	18	19	72	6	2
安 徽	Anhui	62	1	17	19	32	11	2
福 建	Fujian	27	2	5	7	20		
江 西	Jiangxi	42	1	9	10	29	3	
山 东	Shandong	100	5	20	23	58	8	1
河 南	Henan	66	2	8	8	38	18	8
湖 北	Hubei	102	4	21	21	54	17	4
湖 南	Hunan	57		10	9	38	6	2
广 东	Guangdong	47	2	15	17	25	3	1
广 西	Guangxi	12		2	6	6		
海 南	Hainan	51	1	8	8	30	13	
重 庆	Chongqing	28	1	6	7	14	3	
四 川	Sichuan	160	8	39	41	97	16	4
贵 州	Guizhou	23	7	11	18	3	2	
云 南	Yunnan	68	2	15	17	47	4	2
西 藏	Tibet							
陕 西	Shaanxi	91	6	18	19	58	6	2
甘 肃	Gansu	58	2	13	15	38	4	
青 海	Qinghai	17	3	1	4	12	1	
宁 夏	Ningxia	9	1	8	3	6		
新 疆	Xinjiang	21		4	4	11	6	
新疆兵团	Xinjiang Corps	10	1	5	6	4		

5-4 各地区国家大学科技园孵化场地情况

Incubation Space of National University Science Parks by Region

单位：平方米 (sq.m)

地　区	Region	总面积 Total Space Area	办公用房 Space Area for Office	孵化用房 Space Area of Incubation	研发用房 Space Area of R&D	生产用房 Space Area of Manufacurting	其它 Others
合　计	**National Total**	**7378204**	**492486**	**3856011**	**1034983**	**1005358**	**989366**
东部地区	Eastern Region	4422914	213122	2656692	613567	259371	680162
中部地区	Middle Region	1786455	203667	492080	289581	595462	205665
西部地区	Westren Region	699968	34061	447172	90829	91693	36213
东北地区	Northeast Region	468867	41636	260067	41006	58832	67326
北　京	Beijing	1119589	33604	450450	289460	56199	289877
天　津	Tianjin	171900	26400	80800	43000	16000	5700
河　北	Hebei	184747	17500	126361	15762	17437	7687
山　西	Shanxi	17923	300	11300	2000	2000	2323
内蒙古	Inner Mongolia	47924	1200	42724			4000
辽　宁	Liaoning	213779	35316	88418	14357	34977	40711
吉　林	Jilin	66800	1700	35514	6400	16360	6826
黑龙江	Heilongjiang	188288	4620	136135	20249	7495	19789
上　海	Shanghai	782637	48824	390794	69518	67048	206453
江　苏	Jiangsu	1327064	53609	986224	138823	67634	80774
浙　江	Zhejiang	213848	9080	137709	4750	1703	60606
安　徽	Anhui	148080	20739	26498	38567	52296	9980
福　建	Fujian	32371	1297	27565	3329		180
江　西	Jiangxi	295860	2343	92497	34910	112000	54110
山　东	Shandong	435595	9760	343297	37294	26350	18894
河　南	Henan	600000	3090	197449	144683	172261	82517
湖　北	Hubei	612272	175867	121007	62397	225647	27354
湖　南	Hunan	112320	1328	43329	7024	31258	29381
广　东	Guangdong	100103	2149	76992	6771	7000	7191
广　西	Guangxi	34148	2000	23927	4046	793	3381
海　南	Hainan	55060	10900	36500	4860		2800
重　庆	Chongqing	41724	2579	30643	3811	1938	2753
四　川	Sichuan	235969	5725	145292	38285	34580	12087
贵　州	Guizhou	37573	7351	20400	4618	5204	
云　南	Yunnan	49000	1652	34114	5960	5000	2274
西　藏	Tibet						
陕　西	Shaanxi	94134	9100	57320	6414	11600	9700
甘　肃	Gansu	65439	2229	33059	9815	18518	1818
青　海	Qinghai	10080	800	7920	1360		
宁　夏	Ningxia	40520	300	19140	10220	10860	
新　疆	Xinjiang	15049	741	14308			
新疆兵团	Xinjiang Corps	28408	384	18324	6300	3200	200

5-5 各地区国家大学科技园在孵企业情况

Incubation Statistics of National University Science Parks by Region

地 区	Region	在孵企业（个）Number of Tenants (unit)	当年新孵（个）New Tenants of the Year (unit)	从业人员数（人）Number of Employees (person)	总收入（千元）Total Income (1000 yuan)	工业总产值（千元）Gross Industrial Output Value (1000 yuan)	净利润（千元）Net Profit (1000 yuan)	上缴税金（千元）Taxes Submmitted (1000 yuan)
合 计	**National Total**	**9861**	**2573**	**132434**	**28950957**	**13104586**	**1314920**	**1506325**
东部地区	Eastern Region	5948	1445	80839	20415627	8039344	587850	989426
中部地区	Middle Region	1233	397	22289	3469583	2470838	339138	236067
西部地区	Westren Region	1815	548	17696	2928654	1561747	164151	143060
东北地区	Northeast Region	865	183	11610	2137094	1032657	223780	137773
北 京	Beijing	1146	283	16878	4264851	1666002	254347	213306
天 津	Tianjin	32	8	591	69326	20338	1573	2388
河 北	Hebei	229	43	5231	1008283	510806	76813	47215
山 西	Shanxi	50	10	550	43500	8210	-6084	1922
内蒙古	Inner Mongolia	89	52	1531	51218			5121
辽 宁	Liaoning	338	52	4776	973809	617153	119865	67329
吉 林	Jilin	155	13	2306	178902	159088	9328	7973
黑龙江	Heilongjiang	372	118	4528	984383	256416	94587	62471
上 海	Shanghai	1408	478	10869	1691327	608831	-308314	69477
江 苏	Jiangsu	1696	225	28303	10444941	4349610	419801	532368
浙 江	Zhejiang	521	177	6538	679674	114345	-18867	20490
安 徽	Anhui	159	60	1611	250401	103056	9435	8185
福 建	Fujian	105	37	1106	116501	76363	7203	4206
江 西	Jiangxi	232	70	5819	502204	349018	70697	34755
山 东	Shandong	373	75	6466	1115944	667971	132630	41709
河 南	Henan	318	107	7918	940124	867670	85583	51116
湖 北	Hubei	285	77	3846	975828	517846	111504	106458
湖 南	Hunan	189	73	2545	757526	625038	68003	33631
广 东	Guangdong	220	78	3485	977427	24097	11708	49925
广 西	Guangxi	79	20	808	84215	16650	3526	2309
海 南	Hainan	218	41	1372	47353	980	10957	8341
重 庆	Chongqing	167	38	1384	146523	45522	14706	5075
四 川	Sichuan	389	140	4059	1055383	199798	23171	46879
贵 州	Guizhou	170	81	1184	66995	29817	6785	1903
云 南	Yunnan	189	34	3031	612811	418544	-12644	38338
西 藏	Tibet							
陕 西	Shaanxi	205	37	1694	288809	271957	18435	10702
甘 肃	Gansu	195	51	1791	333326	364621	57915	17542
青 海	Qinghai	33	23	217	9278		-15845	256
宁 夏	Ningxia	68	19	1025	64486	49390	59170	3012
新 疆	Xinjiang	195	43	575	139623	82572	4265	8127
新疆兵团	Xinjiang Corps	36	10	397	75987	82877	4667	3795

5-6 各地区国家大学科技园毕业企业情况

General Statistics of Graduated Tenants of National University Science Parks by Region

地　区	Region	累计毕业企业（个）Accmulated Number of Graduated Enterprises (unit)	从业人员数（人）Number of Employees (person)	总收入（千元）Total Income (1000 yuan)	工业总产值（千元）Gross Industrial Output Value (1000 yuan)
合　计	**National Total**	**9189**	**355420**	**164058631**	**108815116**
东部地区	Eastern Region	6092	204423	110691606	67581025
中部地区	Middle Region	1035	47975	14847185	12042689
西部地区	Westren Region	1257	43810	15100446	9000968
东北地区	Northeast Region	805	59212	23419394	20190435
北　京	Beijing	1559	50250	13866039	3847602
天　津	Tianjin	11	293	199669	214360
河　北	Hebei	283	7643	1846479	1722994
山　西	Shanxi	42	826	71169	44044
内蒙古	Inner Mongolia	25	568	353000	
辽　宁	Liaoning	448	47006	21302568	18552171
吉　林	Jilin	92	4148	491046	420596
黑龙江	Heilongjiang	265	8058	1625780	1217668
上　海	Shanghai	1136	38098	15461508	6629969
江　苏	Jiangsu	1524	34993	18743549	17827978
浙　江	Zhejiang	688	22721	41726067	20950430
安　徽	Anhui	162	6506	3828851	2896451
福　建	Fujian	33	392	341396	303132
江　西	Jiangxi	406	24076	5516401	4511439
山　东	Shandong	346	18190	8266461	6342576
河　南	Henan	91	1376	962659	987211
湖　北	Hubei	243	8281	3581767	2931276
湖　南	Hunan	91	6910	886338	672268
广　东	Guangdong	496	31499	10140086	9614426
广　西	Guangxi	28	1218	472123	315290
海　南	Hainan	16	344	100354	127559
重　庆	Chongqing	219	9636	1312990	854798
四　川	Sichuan	312	15891	9380818	4567765
贵　州	Guizhou	18	136	27505	5242
云　南	Yunnan	83	3699	1321367	932716
西　藏	Tibet				
陕　西	Shaanxi	313	6529	1210187	1283565
甘　肃	Gansu	147	3720	1003568	1019854
青　海	Qinghai				
宁　夏	Ningxia	23	1760	12156	19640
新　疆	Xinjiang	72	495	5000	
新疆兵团	Xinjiang Corps	17	158	1732	2098

5-7 计划单列市国家大学科技园基本情况
General Statistics of National University Science Parks of the Cities Listed Independently in the State Plan

城　市	City	入统大学科技园数量（个）Number of University Science Parks (unit)	管理机构从业人员总数（人）Total Number of Administration Employees (person)	孵化基金总额（千元）Total Value of Incubation Fund (1000 yuan)	年末固定资产净值（千元）Year End Net Value of Fixed Asset (1000 yuan)	场地面积（平方米）Space Area (sq.m)
合　计	**Total**	**8**	**123**	**26662**	**90824**	**446760**
大　连	Dalian	2	17	1500	324	61977
宁　波	Ningbo	1	20	6000	8896	60000
厦　门	Xiamen	1	11		456	17158
青　岛	Qingdao	3	55	19162	63865	249625
深　圳	Shenzhen	1	20		17283	58000

5-8 计划单列市国家大学科技园人员情况
Personnel of National University Science Parks of the Cities Listed Independently in the State Plan

单位：人 (person)

城　市	City	管理机构从业人员总数 Total Number of Administration Employees	博士 Doctor	硕士 Master	研究生学历 Post-graduate	本科 Under-graduate	大专 Junior College	留学回国人员 Returned Overseas Scholars
合　计	**Total**	**123**	**6**	**31**	**35**	**80**	**5**	**2**
大　连	Dalian	17	2	6	8	8	1	1
宁　波	Ningbo	20				20		
厦　门	Xiamen	11		4	4	7		
青　岛	Qingdao	55	3	13	14	34	4	1
深　圳	Shenzhen	20	1	8	9	11		

5-9 计划单列市国家大学科技园孵化场地情况
Incubation Space of National University Science Parks of the Cities Listed Independently in the State Plan

单位：平方米 (sq.m)

城 市	City	总面积 Total Space Area	办公用房 Space Area for Office	孵化用房 Space Area of Incubation	研发用房 Space Area of R&D	生产用房 Space Area of Manufacurting	其它 Others
合 计	**Total**	**446760**	**38033**	**315482**	**33374**	**27527**	**32344**
大 连	Dalian	61977	27200	17000	2000	2177	13600
宁 波	Ningbo	60000	3500	49200	1100		6200
厦 门	Xiamen	17158	673	16485			
青 岛	Qingdao	249625	5360	187797	27074	18350	11044
深 圳	Shenzhen	58000	1300	45000	3200	7000	1500

5-10 计划单列市国家大学科技园在孵企业情况
Incubation Statistics of National University Science Parks of the Cities Listed Independently in the State Plan

城 市	City	在孵企业 (个) Number of Tenants (unit)	当年新孵 (个) New Tenants of the Year (unit)	从业人员数 (人) Number of Employees (person)	总收入 (千元) Total Income (1000 yuan)	工业总产值 (千元) Gross Industrial Output Value (1000 yuan)	净利润 (千元) Net Profit (1000 yuan)	上缴税金 (千元) Taxes Submmitted (1000 yuan)
合 计	**Total**	**523**	**146**	**6989**	**1319821**	**338031**	**99669**	**65638**
大 连	Dalian	80	10	803	32132	33157	1316	1016
宁 波	Ningbo	98	35	1096	135449		-7262	1037
厦 门	Xiamen	46	13	563	71805	45088	1032	3086
青 岛	Qingdao	202	49	2520	379447	257147	78568	22211
深 圳	Shenzhen	97	39	2007	700988	2639	26015	38288

5-11 计划单列市国家大学科技园毕业企业情况
General Statistics of Graduated Tenants of National University Science Parks of the Cities Listed Independently in the State Plan

城 市	City	累计毕业企业 (个) Accmulated Number of Graduated Enterprises (unit)	从业人员数 (人) Number of Employees (person)	总收入 (千元) Total Income (1000 yuan)	工业总产值 (千元) Gross Industrial Output Value (1000 yuan)
合 计	**Total**	**702**	**27291**	**11230121**	**9772168**
大 连	Dalian	158	3123	1724391	1858305
宁 波	Ningbo	117	3670	1323276	472594
厦 门	Xiamen	32	358	327893	289132
青 岛	Qingdao	146	9245	3789977	3087664
深 圳	Shenzhen	249	10895	4064585	4064474

第六部分

火炬计划软件产业基地

The Sixth Part

Torch Program Software Industrial Bases

6-1 软件产业基地主要经济指标

Main Economic Indicators of Software Industrial Bases

年 份 Year	软件产业基地 (个) Number of Software Bases (unit)	基地总人数 (万人) Total Number of Employees (10000 person)	营业收入★ (亿元) Total Income (100 million yuan)	利税总额 (亿元) Total Value of Profits and Taxes (100 million yuan)	出口创汇 (亿美元) Export (100 million USD)
2003	24	31	1143.9	132.9	4.8
2004	29	44	1638.0	165.4	13.2
2005	32	65	3375.0	351.2	48.6
2006	33	78	4541.0	432.0	100.0
2007	34	90	5213.4	1,230.5	78.4
2008	35	106	6897.5	884.4	103.5
2009	35	129	7677.1	1,123.5	100.5
2010	35	148.3	9204.8	1432.5	108.5
2011	38	190.9	13661.8	1926.1	222.8
2012	39	226.8	16950.9	2407.1	273.8
2013	41	264.2	20171.7	3046.3	295.9
2014	41	296.0	23792.0	3611.8	334.1
2015	43	331.6	29410.3	4227.6	348.0
2016	44	354.2	32906.8	4858.3	372.8

注：2014年报表制度进一步完善指标及定义，取消了“总收入”的指标，增加了“营业收入”的指标，此列2014年前所列数据为软件基地“总收入”汇总数据。

6-2 软件产业基地场地情况
Space Area of Software Industrial Bases

单位：万平方米 (10000 sq.m)

软件产业基地 Software Industrial Base	规划用地面积 Planned Land Area	现有用地面积 Land Area	现有建筑面积 Building Area	现有孵化面积 Incubation Area
合　计 Total	**21400**	**12523**	**4705**	**1322**
北京软件产业基地 Beijing Software Industrial Base	1143	978	94	8
中关村软件园 Zhongguancun Software Park	263	263	320	8
天津滨海高新区软件园 Tianjin Huayuan Software Park	308	80	74	26
河北软件产业基地(石家庄) Hebei Software Base(Shijiazhuang)	57	6	11	8
山西软件园 Shanxi Software Park	100	25	63	49
内蒙古软件园 Inner Mongolia Software Park	40	3	3	3
东大软件园 Dongda Software Park	112	99	54	22
沈阳软件园 Shenyang Software Park	470	470	80	12
大连软件园 Dalian Software Park	2808	306	164	84
长春软件园 Changchun Software Park	100	85	70	50
吉林软件园 Jilin Software Park	30	30	30	5
大庆软件园 Daqing Software Park	26	26	31	21
上海软件园 Shanghai Software Park	624	301	341	45
江苏软件园 Jiangsu Software Park	642	51	34	21
南京软件园 Nanjing Software Park	358	350	139	11
无锡软件园 Wuxi Software Park	1000	912	306	120
常州软件园 Changzhou Software Park	135	15	60	15
武进软件园 Wujin Software Park	307	207	35	31
苏州软件园 Suzhou Software Park	787	365	264	90
如皋软件园 Rugao Software Park	800	800	17	14
杭州高新软件园 Hangzhou Hi-tech Software Park	61	61	103	17
宁波市软件与服务外包产业园 Ningbo Software Park	72	13	15	6

6-2 续表 continued

单位：万平方米 (10000 sq.m)

软件产业基地 Software Industrial Base	规划用地面积 Planned Land Area	现有用地面积 Land Area	现有建筑面积 Building Area	现有孵化面积 Incubation Area
合肥软件园 Hefei Software Park	108	37	54	18
福州软件园 Fuzhou Software Park	330	200	115	4
厦门软件园 Xiamen Software Park	105	105	172	10
金庐软件园 Jiangxi Jinlu Software Park	57	11	15	15
齐鲁软件园 Qilu Software Park	2200	1270	325	39
青岛软件园 Qingdao Software Park	378	137	149	31
东营软件园 Dongying Software Park	147	19	12	10
潍坊软件园 Weifang Software Park	100	25	68	30
临沂软件园 Linyi Software Park	100	42	29	21
郑州软件园 Zhenzhou Software Park	17	17	26	16
湖北软件产业基地 Hubei Software Base	180	181	150	1
长沙软件园 Changsha Software Park	1225	1225	357	52
广州软件园 Guangzhou Software Park	1496	922	238	232
深圳软件园 Shenzhen Software Park	233	14	40	24
珠海高新区软件园 Zhuhai Software Park	1350	385	128	42
南宁软件园 Nanning Software Park	7	7	2	1
重庆软件园 Chongqing Software Park	70	65	64	15
天府软件园 Tianfu Software Park	1550	990	268	58
贵阳火炬软件园 Guiyang Torch Software Park	68	24	33	23
云南软件园 Yunnan Software Park	40	3	10	5
西安软件园 Xi'an Software Park	1393	1393	138	4
兰州软件园 Lanzhou Software Park	4	4	7	7

6-3 软件产业基地从业人员情况

Personnel Statistics of Software Industrial Bases

单位：人 (person)

软件产业基地 Software Industrial Base	年末基地总人数 Year End Total Number of Employees of the Base	博士学历 Doctor Degree	硕士学历 Master Degree	本科学历 Bachlor Degree	大专 Junior College Degree
合　计 Total	**3542414**	**37836**	**364578**	**2000757**	**779595**
北京软件产业基地 Beijing Software Industrial Base	697791	5407	89973	385144	151283
中关村软件园 Zhongguancun Software Park	64027	3457	9156	38736	10500
天津滨海高新区软件园 Tianjin Huayuan Software Park	51819	337	4027	23710	10890
河北软件产业基地(石家庄) Hebei Software Base(Shijiazhuang)	5540	36	215	1970	2770
山西软件园 Shanxi Software Park	8500	98	585	4535	3282
内蒙古软件园 Inner Mongolia Software Park	5320	58	331	3469	1462
东大软件园 Dongda Software Park	20552	90	3025	15768	1665
沈阳软件园 Shenyang Software Park	23000	43	268	3280	3450
大连软件园 Dalian Software Park	87704	578	6205	57762	11989
长春软件园 Changchun Software Park	44316	262	2711	34081	7172
吉林软件园 Jilin Software Park	4159	26	190	2370	1300
大庆软件园 Daqing Software Park	25068	211	1245	14583	9029
上海软件园 Shanghai Software Park	260918	6353	46751	172874	33259
江苏软件园 Jiangsu Software Park	27500	125	2755	13835	9883
南京软件园 Nanjing Software Park	66990	386	5093	22143	10442
无锡软件园 Wuxi Software Park	164540	916	6175	133521	23928
常州软件园 Changzhou Software Park	17254	183	1101	13223	2747
武进软件园 Wujin Software Park	45000	3500	9700	14700	15100
苏州软件园 Suzhou Software Park	83946	549	3282	42698	22167
如皋软件园 Rugao Software Park	16500	55	380	7500	8100
杭州高新软件园 Hangzhou Hi-tech Software Park	258578	998	20966	106002	43755
宁波市软件与服务外包产业园 Ningbo Software Park	26273	1110	5548	11695	7920

6-3 续表 continued

单位：人 (person)

软件产业基地 Software Industrial Base	年末基地总人数 Year End Total Number of Employees of the Base	博士学历 Doctor Degree	硕士学历 Master Degree	本科学历 Bachlor Degree	大专 Junior College Degree
合肥软件园 Hefei Software Park	29921	379	4233	15574	8264
福州软件园 Fuzhou Software Park	51912	96	2619	29490	13100
厦门软件园 Xiamen Software Park	85000	528	4270	53120	27082
金庐软件园 Jiangxi Jinlu Software Park	20457	189	1156	10209	8903
齐鲁软件园 Qilu Software Park	140090	990	10813	89942	26815
青岛软件园 Qingdao Software Park	75658	249	4173	23683	18199
东营软件园 Dongying Software Park	3192	20	154	1982	730
潍坊软件园 Weifang Software Park	17470	96	805	3346	4421
临沂软件园 Linyi Software Park	8567	45	621	4451	3180
郑州软件园 Zhenzhou Software Park	6988	42	248	4613	2012
湖北软件产业基地 Hubei Software Base	153680	2980	22000	110200	18500
长沙软件园 Changsha Software Park	67630	816	6083	36390	17106
广州软件园 Guangzhou Software Park	182753	1011	10111	93437	64727
深圳软件园 Shenzhen Software Park	274607	1190	40220	129033	74229
珠海高新区软件园 Zhuhai Software Park	43034	190	4775	25551	12508
南宁软件园 Nanning Software Park	8770	96	517	5530	1320
重庆软件园 Chongqing Software Park	27155	772	3647	13157	9519
天府软件园 Tianfu Software Park	136863	1135	8395	88559	38774
贵阳火炬软件园 Guiyang Torch Software Park	27258	142	568	12216	10254
云南软件园 Yunnan Software Park	6342	39	296	3701	2306
西安软件园 Xi'an Software Park	165145	2013	19012	119641	24479
兰州软件园 Lanzhou Software Park	4627	40	180	3333	1074

6-4 软件产业基地软件人员分布情况

Personnel Distribution of Software Industrial Bases

单位：人 (person)

软件产业基地 Software Industrial Base	年末软件从业人数 Number of Employees in Software Companies	有5年以上(含)软件从业经验的人员 The Staff with More than 5 Years Software Experience	有2～5年(含2年)软件从业经验的人员 The Staff with 2-5 Years Software Experience	软件研发人员 R&D Personnel	测试人员 Testing Personnnel	认定的软件企业人数 Number of Employees in Identified Software Companies
合　计 Total	**2944988**	**815433**	**1384499**	**1848899**	**271428**	**1866234**
北京软件产业基地 Beijing Software Industrial Base	697791	133763	339661	628012	7536	697791
中关村软件园 Zhongguancun Software Park	60315	23618	36174	22365	6032	57439
天津滨海高新区软件园 Tianjin Huayuan Software Park	28075	7686	20389	28075	1537	18446
河北软件产业基地(石家庄) Hebei Software Base(Shijiazhuang)	4930	750	2500	3000	500	3050
山西软件园 Shanxi Software Park	4120	1623	1780	2745	578	2833
内蒙古软件园 Inner Mongolia Software Park	3671	1278	1122	1440	624	1089
东大软件园 Dongda Software Park	16142	8623	6520	13452	2743	14452
沈阳软件园 Shenyang Software Park	18000	4400	10800	5100	2670	5780
大连软件园 Dalian Software Park	81650	15320	60348	41353	13593	42508
长春软件园 Changchun Software Park	29024	5805	17312	15632	1483	18635
吉林软件园 Jilin Software Park	3525	1821	1301	1842	530	520
大庆软件园 Daqing Software Park	21152	6831	8995	14600	3670	13480
上海软件园 Shanghai Software Park	227659	88545	56654	95360	13497	116259
江苏软件园 Jiangsu Software Park	26687	4114	7973	5912	5101	5883
南京软件园 Nanjing Software Park	47206	8480	15238	11037	4595	24447
无锡软件园 Wuxi Software Park	141795	44185	80441	28721	13998	59720
常州软件园 Changzhou Software Park	13221	3567	6665	4354	3446	7890
武进软件园 Wujin Software Park	37286	14143	14904	33724	8402	17596
苏州软件园 Suzhou Software Park	53940	14981	26444	26078	9462	27094
如皋软件园 Rugao Software Park	12300	1280	6000	9000	3000	6000
杭州高新软件园 Hangzhou Hi-tech Software Park	219646	65894	110730	194695	21433	83954
宁波市软件与服务外包产业园 Ningbo Software Park	23485	5720	11045	7195	2535	10890

6-4 续表 continued

单位：人 (person)

软件产业基地 Software Industrial Base	年末软件从业人数 Number of Employees in Software Companies	有5年以上(含)软件从业经验的人员 The Staff with More than 5 Years Software Experience	有2～5年(含2年)软件从业经验的人员 The Staff with 2-5 Years Software Experience	软件研发人员 R&D Personnel	测试人员 Testing Personnnel	认定的软件企业人数 Number of Employees in Identified Software Companies
合肥软件园 Hefei Software Park	18261	4524	10024	7774	3680	15608
福州软件园 Fuzhou Software Park	23706	12092	8878	19184	3110	15406
厦门软件园 Xiamen Software Park	65200	16750	27100	30800	9750	23640
金庐软件园 Jiangxi Jinlu Software Park	10606	2940	3166	4377	1257	8759
齐鲁软件园 Qilu Software Park	105081	38802	49115	55730	5272	38752
青岛软件园 Qingdao Software Park	17014	4733	9704	8936	1599	3265
东营软件园 Dongying Software Park	2701	497	981	1135	370	1689
潍坊软件园 Weifang Software Park	12500	3697	3296	6984	3045	3256
临沂软件园 Linyi Software Park	6690	1467	2862	2771	1425	2132
郑州软件园 Zhenzhou Software Park	5604	680	3488	2411	312	3568
湖北软件产业基地 Hubei Software Base	150680	36200	67000	87100	16500	122900
长沙软件园 Changsha Software Park	60235	31005	27632	28064	3912	42037
广州软件园 Guangzhou Software Park	172518	42816	56671	76071	15653	
深圳软件园 Shenzhen Software Park	146323	51113	61745	106541	21356	125419
珠海高新区软件园 Zhuhai Software Park	43034	5764	17234	24312	3876	27725
南宁软件园 Nanning Software Park	7652	2053	5380	6620	1468	5411
重庆软件园 Chongqing Software Park	13577	7200	5400	7534	3500	6000
天府软件园 Tianfu Software Park	136496	35000	74000	80670	9076	97858
贵阳火炬软件园 Guiyang Torch Software Park	20657	3982	13662	10166	1652	6992
云南软件园 Yunnan Software Park	3627	1299	1970	1922	335	3627
西安软件园 Xi'an Software Park	148599	49765	90215	84676	37025	74914
兰州软件园 Lanzhou Software Park	2607	627	1980	1429	290	1520

6-5 软件产业基地收入情况

Income of Software Industrial Bases

单位：家、千元 (unit, 1000 yuan)

软件产业基地 Software Industrial Base	企业数 Number of Enterprises	营业收入 Operating Revenue	软件收入 Software Income	软件产品收入 Software Sales Income	新产品销售收入 New Product Sales Income	系统集成收入 System Integration Income	嵌入式系统软件收入 Embeded Software Income	软件技术服务收入 Software Service Income	自主版权软件收入 Own Copyright Software Income
合计 Total	**48098**	**3290675399**	**2386101702**	**858002833**	**266519683**	**264907952**	**326480589**	**936710328**	**942606129**
北京软件产业基地 Beijing Software Industrial Base	4096	605200000	605200000	240914596			1528242	362757162	
中关村软件园 Zhongguancun Software Park	532	181940000	102350000	24457682		33956743	9329561	34606014	
天津滨海高新区软件园 Tianjin Huayuan Software Park	1077	60481860	40823029	15560265	9336159	7377174	4515023	13370567	24493818
河北软件产业基地(石家庄) Hebei Software Base(Shijiazhuang)	185	3871692	2684394	758208	87653	150326	1707275	68585	1387156
山西软件园 Shanxi Software Park	370	4044605	1429176	1046009	315521	94343	98494	190330	253300
内蒙古软件园 Inner Mongolia Software Park	189	3980263	2646795	1339744	225427	570860	104754	631437	764224
东大软件园 Dongda Software Park	21	8655545	7557222	2464718	2078134	1521375	1676431	1894698	1721362
沈阳软件园 Shenyang Software Park	418	17273800	16089000	5414000	2140000	7526000	1817000	1332000	5036000
大连软件园 Dalian Software Park	428	59676439	46198398	14137399	10022599	3811178	2938460	25311361	3438620
长春软件园 Changchun Software Park	601	13110000	8270000	2550000	938500	1805000	1423000	2492000	4590000
吉林软件园 Jilin Software Park	145	4098000	1621500	1169400	250000	86020	218200	147880	1500120
大庆软件园 Daqing Software Park	641	12956461	8306523	2427614	1046502	1186881	1586837	3105191	6390861
上海软件园 Shanghai Software Park	10980	201890700	135006100	54163585	31378370	29472507	15800739	35569269	58666730
江苏软件园 Jiangsu Software Park	420	29354750	17500000	13000000	880000	1457000	43000	3000000	12950000
南京软件园 Nanjing Software Park	530	73358276	44084582	19114750	9364331	5401893	10292145	9275794	9074335
无锡软件园 Wuxi Software Park	1380	124984470	82800859	7624499	6005640	9547937	39809428	25818995	69783769
常州软件园 Changzhou Software Park	863	31000000	24816663	3889873	863675	678324	19002785	1245681	15023455
武进软件园 Wujin Software Park	520	8288000	3660600	982998	817200	45075	2525134	107393	1628000
苏州软件园 Suzhou Software Park	1216	77410283	41084723	8704946	6189469	694639	30586896	1098242	11895768
如皋软件园 Rugao Software Park	360	4637441	3525281	728163	468673	75064	608182	2113872	1470765
杭州高新软件园 Hangzhou Hi-tech Software Park	1637	209217630	209217630	70250221	28004159	33412262	22933030	82622117	206817189
宁波市软件与服务外包产业园 Ningbo Software Park	1213	8234528	5815180	2806700	687340	955250	421100	1632130	217250

6-5 续表 continued

单位：家、千元 (unit, 1000 yuan)

软件产业基地 Software Industrial Base	企业数 Number of Enterprises	营业收入 Operating Revenue	软件收入 Software Income	软件产品收入 Software Sales Income	新产品销售收入 New Product Sales Income	系统集成收入 System Integration Income	嵌入式系统软件收入 Embeded Software Income	软件技术服务收入 Software Service Income	自主版权软件收入 Own Copyright Software Income
合肥软件园 Hefei Software Park	885	8767238	6338156	3896468	1432853	1417521	458679	565488	221583
福州软件园 Fuzhou Software Park	720	70992864	33279932	11123317	7949131	6479484	3697434	11979697	18551724
厦门软件园 Xiamen Software Park	2128	71900000	70145000	39540000	20225000	12240000	6090000	12275000	39420000
金庐软件园 Jiangxi Jinlu Software Park	500	14671047	10576108	3945852	679447	2729047	1123517	2777692	5039491
齐鲁软件园 Qilu Software Park	2150	185005200	128088000	83522946	28841468	11516798	15190794	17857462	76542671
青岛软件园 Qingdao Software Park	452	181883223	34474426	7101915	2992602	8648798	10685674	8038039	596937
东营软件园 Dongying Software Park	142	1308924	944027	193610	86358	196710	7635	546072	438002
潍坊软件园 Weifang Software Park	206	3250000	2098075	830000	544306	653384	152214	462477	1234297
临沂软件园 Linyi Software Park	178	2817400	1759530	803450	292670	441200	383100	131780	832700
郑州软件园 Zhenzhou Software Park	96	5380000	3150000	1680000	460000	430000	450000	590000	1880000
湖北软件产业基地 Hubei Software Base	1700	115542190	75050567	45865736	27551260	8630300	12222850	8331681	55347000
长沙软件园 Changsha Software Park	2153	30463548	19465254	8302454	1742151	2403562	7493787	1265451	10764656
广州软件园 Guangzhou Software Park	2184	186060329	154205401	28986969	20027858		1911533	123306899	51353142
深圳软件园 Shenzhen Software Park	1058	287100071	180493473	38414251	15218704	12247240	56829161	73002820	108597506
珠海高新区软件园 Zhuhai Software Park	200	50680875	30251522	9296103	919610	625500	11810620	8519299	21176065
南宁软件园 Nanning Software Park	610	6310465	4812985	2511673	559014	710374	674035	916903	407552
重庆软件园 Chongqing Software Park	251	26400000	9856000	2196870	732290	199960	1849340	5609830	6479760
天府软件园 Tianfu Software Park	1388	78592000	56884000	31265000	10449786	4448851	6613000	14557149	27471771
贵阳火炬软件园 Guiyang Torch Software Park	998	15224561	6578941	2658431	203565	1335428	657058	1928024	532456
云南软件园 Yunnan Software Park	99	3222154	1482440	475088	161191	586313	173945	247094	526521
西安软件园 Xi'an Software Park	2043	199401760	143570940	41014340	14146597	48338990	19004220	35213390	77590812
兰州软件园 Lanzhou Software Park	135	2036807	1909270	872990	204470	802641	36276	197363	498761

6-6 软件产业基地出口和利税情况

Export Profits and Taxes of Software Industrial Bases

软件产业基地 Software Industrial Base	出口总额（千元） Export (1000 yuan)	软件出口额（千元） Software Export (1000 yuan)	净利润（千元） Net Profit (1000 Yuan)	实际上缴税额（千元） Taxes Submitted (1000 Yuan)	减免税总额（千元） Taxes Relief (1000 Yuan)	劳动者报酬（千元） Salary (1000 Yuan)
合计 Total	**247520314**	**147246536**	**307415824**	**178416958**	**60229266**	**403121903**
北京软件产业基地 Beijing Software Industrial Base	24698790	22455069	69077956	41058707	15053929	145499337
中关村软件园 Zhongguancun Software Park	10358400		17730000			
天津滨海高新区软件园 Tianjin Huayuan Software Park	2818970	1620858	9890618	3311494	897847	8575926
河北软件产业基地(石家庄) Hebei Software Base(Shijiazhuang)	38086	22266	286333	97337	46020	218415
山西软件园 Shanxi Software Park	25668	17004	198002	232993	58420	482229
内蒙古软件园 Inner Mongolia Software Park			120543	123387	32475	181940
东大软件园 Dongda Software Park	1524894	1056783	1739446	546761	148316	2859074
沈阳软件园 Shenyang Software Park	1441013	536512	1617900	647600		326400
大连软件园 Dalian Software Park	9094968	6366478	2598636	2235165	2473200	9941796
长春软件园 Changchun Software Park	373168	259823	872000	593000	261200	621000
吉林软件园 Jilin Software Park	18592	18592	420120	302500	22500	201800
大庆软件园 Daqing Software Park	3066059	491233	591372	364521	11618	1022112
上海软件园 Shanghai Software Park	18080189	16093833	20046980	34235460	12347050	28532880
江苏软件园 Jiangsu Software Park	677280	677280	1880000	1860000		900000
南京软件园 Nanjing Software Park	1203168	319384	2280243	681137	251111	1829728
无锡软件园 Wuxi Software Park	10171829	2150742	8830226	5503500	1049032	18204970
常州软件园 Changzhou Software Park	2390400	1836279	1600000	1550000	366709	3628876
武进软件园 Wujin Software Park	5481386	1314189	2260400	1372400	92820	4144910
苏州软件园 Suzhou Software Park	43616489	8218055	3800141	4530849	243048	5599928
如皋软件园 Rugao Software Park	209100	76473	891270	258655	117939	1851171
杭州高新软件园 Hangzhou Hi-tech Software Park	16194163	16194163	34106625	12380522	5892831	32322201
宁波市软件与服务外包产业园 Ningbo Software Park	3466080	3420596	586530	269500	83580	958350

注：2016年报表制度进行了调整，出口的单位由千美元改为千元，后同。

6-6 续表 continued

软件产业基地 Software Industrial Base	出口总额(千元) Export (1000 yuan)	软件出口额(千元) Software Export (1000 yuan)	净利润(千元) Net Profit (1000 Yuan)	实际上缴税额(千元) Taxes Submitted (1000 Yuan)	减免税总额(千元) Taxes Relief (1000 Yuan)	劳动者报酬(千元) Salary (1000 Yuan)
合肥软件园 Hefei Software Park	86758	10252	1310538	609653	163186	502635
福州软件园 Fuzhou Software Park	2013946	664974	2674130	2228351	473950	5459931
厦门软件园 Xiamen Software Park	2270880	1838616	9950000	2398000	298500	5272000
金庐软件园 Jiangxi Jinlu Software Park	564500	531439	1043512	678118	132294	1118010
齐鲁软件园 Qilu Software Park	6520480	4594880	10080000	7092000	2382810	13015914
青岛软件园 Qingdao Software Park	15797274	255135	6155132	5403493	768494	2958135
东营软件园 Dongying Software Park			149989	86811	8531	138986
潍坊软件园 Weifang Software Park	550788	399496	303420	172350		511100
临沂软件园 Linyi Software Park	1530	800	143600	75000	16050	123780
郑州软件园 Zhenzhou Software Park	27224	8964	753000	249000	99800	398000
湖北软件产业基地 Hubei Software Base	5351840	4648066	8896789	5534000	2390277	6783486
长沙软件园 Changsha Software Park	1024978	699758	1452153	1130694	220646	2264690
广州软件园 Guangzhou Software Park	3068537	2885578	12020060	8992499	1628795	21004539
深圳软件园 Shenzhen Software Park	33560016	27452939	37188700	14157745	9431568	35564502
珠海高新区软件园 Zhuhai Software Park	7263894	7263894	2305520	1339540	611010	5590901
南宁软件园 Nanning Software Park	258960	69315	315523	460180	14250	667325
重庆软件园 Chongqing Software Park	204610	63700	1976610	1105240	119530	2990740
天府软件园 Tianfu Software Park	7013872	5761926	14155000	4285000	1158000	11567000
贵阳火炬软件园 Guiyang Torch Software Park	46805	25692	825642	1025682	68983	4895422
云南软件园 Yunnan Software Park	61825	42596	223680	157076	15371	293218
西安软件园 Xi'an Software Park	6882905	6882905	13895251	8978699	766700	13848401
兰州软件园 Lanzhou Software Park			172235	102339	10877	250145

6-7 软件产业基地科技活动经费筹集情况

Science and Technology Activity Funding of Software Industrial Bases

单位：千元 (1000 yuan)

软件产业基地 Software Industrial Base	科技活动经费筹集总额 Science and Technology Activity Funding	企业资金 Enterprise Funds	金融机构贷款 Loans from Financial Institutions	政府部门资金 Government Funds	地方政府资金 Local Government Funds
合　计 Total	**225743850**	**147359865**	**16268632**	**20134271**	**12444907**
北京软件产业基地 Beijing Software Industrial Base					
中关村软件园 Zhongguancun Software Park	20500000				
天津滨海高新区软件园 Tianjin Huayuan Software Park	13679282	11487390	1079330	1031574	808915
河北软件产业基地(石家庄) Hebei Software Base(Shijiazhuang)	92000	92000			
山西软件园 Shanxi Software Park	388560	356640	9856	18357	18357
内蒙古软件园 Inner Mongolia Software Park	251367	198450	38857	14060	12130
东大软件园 Dongda Software Park	879694	734797		144897	75289
沈阳软件园 Shenyang Software Park	195020	44550	98120	31120	22450
大连软件园 Dalian Software Park	2367450	1887450	150000	330000	330000
长春软件园 Changchun Software Park	732800	462400	54320	189000	81400
吉林软件园 Jilin Software Park	121000	85200		6850	5200
大庆软件园 Daqing Software Park	853602	718956	44863	70157	31219
上海软件园 Shanghai Software Park	23408369	11704347	2244448	4681700	2400000
江苏软件园 Jiangsu Software Park	1295000	1275000	20000		
南京软件园 Nanjing Software Park	2052185	1041640	552888	457656	399556
无锡软件园 Wuxi Software Park	14203861	9791037	2600315	1811346	1356237
常州软件园 Changzhou Software Park	1683368	1408367	207656	67345	54768
武进软件园 Wujin Software Park	1266833	1180012	5252	58769	7252
苏州软件园 Suzhou Software Park	3255565	2704452	235000	220000	90000
如皋软件园 Rugao Software Park	297094	142253	99790	39500	32750
杭州高新软件园 Hangzhou Hi-tech Software Park	17667060	14060828	519603	680237	146965
宁波市软件与服务外包产业园 Ningbo Software Park	95500	9000	58500	28000	20000

6-7 续表 continued

单位：千元 (1000 yuan)

软件产业基地 Software Industrial Base	科技活动经费筹集总额 Science and Technology Activity Funding	企业资金 Enterprise Funds	金融机构贷款 Loans from Financial Institutions	政府部门资金 Government Funds	地方政府资金 Local Government Funds
合肥软件园 Hefei Software Park	1093533	820244	123464	124695	56269
福州软件园 Fuzhou Software Park	2636024	2456863	91342	77804	61733
厦门软件园 Xiamen Software Park	8240000	7530000	581500	128500	84000
金庐软件园 Jiangxi Jinlu Software Park	1144207	773542	37280	29015	24240
齐鲁软件园 Qilu Software Park	16984513	9842106	1790241	796243	624530
青岛软件园 Qingdao Software Park	3949075	3689981	154646	104448	9849
东营软件园 Dongying Software Park	82788	70628	800	11360	11360
潍坊软件园 Weifang Software Park	52460	21800	6200	20000	6000
临沂软件园 Linyi Software Park	191200	143200	18000	30000	21000
郑州软件园 Zhenzhou Software Park	327000	259000	49200	9650	9200
湖北软件产业基地 Hubei Software Base	6838460	3624879	800089	1372663	943945
长沙软件园 Changsha Software Park	2924566	1545614	906551	264222	245152
广州软件园 Guangzhou Software Park	11817556	11275502		542054	539156
深圳软件园 Shenzhen Software Park	32711114	30917427	427377	1366310	703175
珠海高新区软件园 Zhuhai Software Park	3565580	2126520	658200	111950	98895
南宁软件园 Nanning Software Park	861338	630000	63000	160000	130000
重庆软件园 Chongqing Software Park	3507270	367770	448500	1495000	747500
天府软件园 Tianfu Software Park	5874953	342305	1021032	1227402	609651
贵阳火炬软件园 Guiyang Torch Software Park	1325310	397652	98524	374524	351285
云南软件园 Yunnan Software Park	212589	193083	2029	17411	14688
西安软件园 Xi'an Software Park	15984625	10823421	966359	1985431	1256871
兰州软件园 Lanzhou Software Park	134080	123560	5500	5020	3920

6-8 软件产业基地研发支出情况

Expenditure on R&D of Software Industrial Bases

单位：千元 (1000 yuan)

软件产业基地 Software Industrial Base	科技活动经费支出总额 Expenditure on Science and Technology Activity	研究与试验发展经费支出 Expenditure on R&D	软件研发经费支出 Expenditure on Software R&D	新产品开发经费支出 Expenditure on New Product R&D
合　计 Total	**297461578**	**180140000**	**131815220**	**69205580**
北京软件产业基地 Beijing Software Industrial Base	77025286			
中关村软件园 Zhongguancun Software Park	20500000	20500000	20500000	
天津滨海高新区软件园 Tianjin Huayuan Software Park	12105560	12105560	9684448	7747558
河北软件产业基地(石家庄) Hebei Software Base(Shijiazhuang)	172000	115050	65650	62300
山西软件园 Shanxi Software Park	297912	192760	151230	83564
内蒙古软件园 Inner Mongolia Software Park	208615	174974	156183	98106
东大软件园 Dongda Software Park	879694	789904	684719	418473
沈阳软件园 Shenyang Software Park	165060	108000	75002	52145
大连软件园 Dalian Software Park	2347500	1715300	1231350	803160
长春软件园 Changchun Software Park	664200	554600	489600	439000
吉林软件园 Jilin Software Park	88200	72000	31400	15800
大庆软件园 Daqing Software Park	697274	537943	445139	268353
上海软件园 Shanghai Software Park	21177800	18726900	13108800	10487000
江苏软件园 Jiangsu Software Park	1300000	1200000	850000	390000
南京软件园 Nanjing Software Park	2033081	1675751	1589842	1141141
无锡软件园 Wuxi Software Park	12106870	10375976	5554640	4421378
常州软件园 Changzhou Software Park	1674456	1494586	992365	687903
武进软件园 Wujin Software Park	351600	341600	125738	101074
苏州软件园 Suzhou Software Park	3169881	2318112	1498786	817769
如皋软件园 Rugao Software Park	307794	237752	195045	120520
杭州高新软件园 Hangzhou Hi-tech Software Park	19554607	12932100	12386494	1812359
宁波市软件与服务外包产业园 Ningbo Software Park	858000	788000	645500	195000

6-8 续表 continued

单位：千元 (1000 yuan)

软件产业基地 Software Industrial Base	科技活动经费支出总额 Expenditure on Science and Technology Activity	研究与试验发展经费支出 Expenditure on R&D	软件研发经费支出 Expenditure on Software R&D	新产品开发经费支出 Expenditure on New Product R&D
合肥软件园 Hefei Software Park	1040284	789964	734249	385315
福州软件园 Fuzhou Software Park	2600677	2329364	1781723	1211756
厦门软件园 Xiamen Software Park	5850000	4650000	2660000	1780000
金庐软件园 Jiangxi Jinlu Software Park	866682	661344	532969	369056
齐鲁软件园 Qilu Software Park	16698127	11056872	8375614	5414328
青岛软件园 Qingdao Software Park	3698170	2423804	668046	432593
东营软件园 Dongying Software Park	132113	107323	72977	51959
潍坊软件园 Weifang Software Park	217165	156058	133081	54846
临沂软件园 Linyi Software Park	181200	75340	59980	45250
郑州软件园 Zhenzhou Software Park	362000	336000	298000	113000
湖北软件产业基地 Hubei Software Base	5927500	4854924	3865000	3123466
长沙软件园 Changsha Software Park	2354685	1934254	1653642	1416234
广州软件园 Guangzhou Software Park	11808720	10240512	10206450	7358938
深圳软件园 Shenzhen Software Park	33293933	28382284	15274589	9160485
珠海高新区软件园 Zhuhai Software Park	3565580	1825250	1420505	225100
南宁软件园 Nanning Software Park	743900	470000	345800	338000
重庆软件园 Chongqing Software Park	1957950	1305300	652650	326325
天府软件园 Tianfu Software Park	6307422	5346691	4431785	2101562
贵阳火炬软件园 Guiyang Torch Software Park	399482	238542	152492	115245
云南软件园 Yunnan Software Park	212527	142620	121743	83432
西安软件园 Xi'an Software Park	21367243	15776431	7832145	4857832
兰州软件园 Lanzhou Software Park	190828	80255	79850	78255

第七部分

火炬特色产业基地

The Seventh Part

Torch Specialized Industrial Bases

7-1 国家火炬特色产业基地主要情况

General Statistics of National Torch Specialized Industrial Bases

年 份 Year	统计基地数 (个) Number of Torch Industrial Bases with Data (unit)	基地内企业数 (个) Number of Tenant Enterprises (unit)	工业总产值 (亿元) Gross Industrial Output Value (100 million yuan)	总收入 (亿元) Total Income (100 million yuan)	上缴税额 (亿元) Taxes Submitted (100 million yuan)	净利润 (亿元) Net Profit (100 million yuan)	出口创汇 (亿美元) Export (100 million USD)
2003	47	4272	3603.9	3461.5	185.1	239.2	61.2
2004	79	12050	7331.2	7181.0	362.5	465.9	154.2
2005	128	17691	11765.4	11566.2	643.4	711.6	264.3
2006	133	26563	15095.6	15003.9	806.6	938.6	347.2
2007	169	39233	21925.1	22893.4	1053.7	1348.9	578.5
2008	209	49139	29153.0	28716.0	1649.5	2006.4	792.8
2009	235	67990	37183.6	36759.2	2558.5	2712.9	836.1
2010	248	82520	47583.2	47878.5	3472.9	3659.4	1116.1
2011	288	85394	60681.6	61061.4	3606.6	4472.9	1364.6
2012	314	93128	69539.1	68648.3	3844.1	4819.8	1463.7
2013	341	102893	81647.3	76521.4	4407.7	5563.6	1560.3
2014	366	118231	88227.1	85646.0	4996.5	5874.9	1744.1
2015	384	126393	92851.4	91233.1	4889.0	6115.6	1809.5
2016	413	150555	102333.4	100003.2	5514.6	6439.4	1719.1

7-2 各地区火炬计划特色产业基地经济指标

Main Economic Indicators of Torch Program Specialized Industrial Bases by Region

地区	Region	入统基地数（个）Number of Torch Industrial Bases with Data (unit)	基地内企业数（个）Number of Enterprises (unit)	工业总产值（千元）Gross Industrial Output Value (1000 yuan)	总收入（千元）Total Income (1000 yuan)	上缴税额（千元）Taxes Submmitted (1000 yuan)	净利润（千元）Net Profit (1000 yuan)	出口总额（千元）Export (1000 yuan)
合　计	**Total**	**413**	**150555**	**10233338654**	**10000316530**	**551459632**	**643935029**	**1141460301**
东部地区	Eastern Region	299	122674	7473384020	7600539017	401837377	500835380	1034388175
中部地区	Middle Region	54	18842	1307477250	1233086512	59496907	60398648	72482249
西部地区	Westren Region	27	4544	938969903	649516393	60136392	55355885	21363551
东北地区	Northeast Region	33	4495	513507481	517174608	29988956	27345116	13226326
北　京	Beijing	2	2900	9126220	34570131	1141139	815380	138322
天　津	Tianjin	8	4439	113591979	131112569	7131154	10339566	8706745
河　北	Hebei	13	2545	209111928	276645275	15045042	21354027	26175827
山　西	Shanxi	8	298	32723745	31144580	1235788	1533332	1572061
内蒙古	Inner Mongolia	2	53	38939050	30619210	290620	949450	1565000
辽　宁	Liaoning	19	2985	202780133	219822827	7652747	8734083	9701428
吉　林	Jilin	5	293	166490223	153687684	5168488	13246274	351450
黑龙江	Heilongjiang	9	1217	144237125	143664097	17167721	5364759	3173448
上　海	Shanghai	7	4793	162643027	195218416	7517301	12713985	24980779
江　苏	Jiangsu	118	22231	3335559690	3353838377	198451900	234937568	431228723
浙　江	Zhejiang	49	14576	867017369	904398367	56468167	62050631	153497789
安　徽	Anhui	13	3573	379185972	379814661	14150421	25495896	22655959
福　建	Fujian	11	2461	100292637	98847683	2718882	6456281	8912522
江　西	Jiangxi	3	5582	59428000	50265800	1422900	2667700	2917000
山　东	Shandong	66	17440	1375671751	1336438141	56644628	90699099	91440376
河　南	Henan	10	1131	175440553	178281844	7519922	12742523	11596176
湖　北	Hubei	12	6492	341366365	285545687	13771353	11910855	14580465
湖　南	Hunan	8	1766	319332615	308033940	21396523	6048342	19160588
广　东	Guangdong	25	51289	1300369419	1269470058	56719164	61468843	289307092
广　西	Guangxi	1	9	13781570	19429250	697672	711830	164222
海　南	Hainan							
重　庆	Chongqing	2	1278	400071660	90786793	2699363	4051960	5978810
四　川	Sichuan	2	302	22379684	22700881	1220400	1579378	90255
贵　州	Guizhou	3	230	15925031	19161965	579643	1227951	252671
云　南	Yunnan	5	116	26542986	27937887	1432813	2023829	185749
西　藏	Tibet							
陕　西	Shaanxi	6	2227	146343522	143561896	12293458	3167783	6538346
甘　肃	Gansu	2	47	33878700	58570030	1256099	331742	370220
青　海	Qinghai							
宁　夏	Ningxia	2	77	21568392	17805851	306313	921702	2815218
新　疆	Xinjiang	2	205	219539308	218942630	39360011	40390260	3403060
新疆兵团	Xinjiang Corps							

注：2016年报表制度进行了调整，出口的单位由千美元改为千元，后同。

7-3 各地区火炬计划特色产业基地人员分布情况

Personnel Distribution of Torch Program Specialized Industrial Bases by Region

单位：人 (person)

地区	Region	企业从业人员总数 Total Number of Employees	大专以上 College and Higher Level	博士 Doctor	硕士 Master
合　计	**Total**	**11161212**	**3516845**	**24654**	**147896**
东部地区	Eastern Region	8796475	2641208	20049	114978
中部地区	Middle Region	1268352	449043	2111	17630
西部地区	Westren Region	598213	213533	1611	9484
东北地区	Northeast Region	498172	213061	883	5804
北　京	Beijing	35520	26836	85	289
天　津	Tianjin	116623	37946	960	2351
河　北	Hebei	323535	122461	663	4786
山　西	Shanxi	40270	17669	57	922
内蒙古	Inner Mongolia	15703	5922	6	219
辽　宁	Liaoning	223387	71807	383	2567
吉　林	Jilin	104123	70497	77	394
黑龙江	Heilongjiang	170662	70757	423	2843
上　海	Shanghai	141898	63279	1967	9640
江　苏	Jiangsu	2850611	1023898	9236	56786
浙　江	Zhejiang	1129962	306015	1805	8533
安　徽	Anhui	377585	140726	827	7739
福　建	Fujian	251127	67809	114	1280
江　西	Jiangxi	120835	9647	134	671
山　东	Shandong	1559302	567489	3562	18643
河　南	Henan	218228	89212	239	1038
湖　北	Hubei	306351	109585	394	4325
湖　南	Hunan	205083	82204	460	2935
广　东	Guangdong	2387897	425475	1657	12670
广　西	Guangxi	10283	4963	27	304
海　南	Hainan				
重　庆	Chongqing	131539	39000	87	1120
四　川	Sichuan	39211	10981	107	543
贵　州	Guizhou	33253	11216	43	932
云　南	Yunnan	19491	7620	130	919
西　藏	Tibet				
陕　西	Shaanxi	141006	67763	1039	4029
甘　肃	Gansu	22697	6229	6	115
青　海	Qinghai				
宁　夏	Ningxia	16730	5838	6	111
新　疆	Xinjiang	168300	54001	160	1192
新疆兵团	Xinjiang Corps				

7-4 计划单列市火炬计划特色产业基地经济指标

Main Economic Indicators of Torch Program Specialized Industrial Bases of the Cities Listed Independently in the State Plan

城市	City	入统基地数（个） Number of Torch Industrial Bases with Data (unit)	基地内企业数（个） Number of Enterprises (unit)	工业总产值（千元） Gross Industrial Output Value (1000 yuan)	总收入（千元） Total Income (1000 yuan)	上缴税额（千元） Taxes Submmitted (1000 yuan)	净利润（千元） Net Profit (1000 yuan)	出口总额（千元） Export (1000 yuan)
合　计	**Total**	**20**	**2261**	**261555803**	**290811300**	**15692850**	**18204523**	**43521205**
大　连	Dalian	4	325	67932804	65343195	3358840	3837706	3890103
宁　波	Ningbo	7	1033	146920386	177038398	10155390	10396997	31638518
厦　门	Xiamen	4	27	18361213	21267752	1128264	1893834	5025708
青　岛	Qingdao	5	876	28341400	27161955	1050356	2075986	2966876
深　圳	Shenzhen							

7-5 计划单列市火炬计划特色产业基地人员分布情况

Personnel Distribution of Torch Program Specialized Industrial Bases of the Cities Listed Independently in the State Plan

单位：人　　(person)

城市	City	企业从业人员总数 Total Number of Employees	大专以上 College and Higher Level	博士 Doctor	硕士 Master
合　计	**Total**	**287394**	**80209**	**934**	**6275**
大　连	Dalian	39606	15835	73	1116
宁　波	Ningbo	177280	36869	289	1738
厦　门	Xiamen	22770	9556	40	641
青　岛	Qingdao	47738	17949	532	2780
深　圳	Shenzhen				

第八部分

创新型产业集群

The Eighth Part

Innovative Industrial Clusters

8-1 创新型产业集群主要情况
Main Statistics of Innovative Industrial Clusters

年 份 Year	统计集群数★ (个) Number of Clusters (unit)	集群内企业数 (个) Number of Tenant Enterprises (unit)	营业收入 (亿元) Operating Revenue (100 million yuan)	工业总产值 (亿元) Gross Industrial Output Value (100 million yuan)	净利润 (亿元) Net Profit (100 million yuan)	上缴税额 (亿元) Taxes Submitted (100 million yuan)	出口创汇 (亿美元) Export (100 million USD)	年末从业人员 (万人) Year End Number of Employees (10000 person)
2014	71	12757	34546.8	31517.5	2902.1	1785.3	1432.8	296
2015	71	13322	37382.2	32457.6	2726.3	2245.8	1188.5	289.7
2016	70	13929	40429.9	33835.1	2924.3	2417.1	992.7	336.9

注：2016年创新型产业集群数量应为71家，其中“青岛数字化家电创新型产业集群”未报数据，“贵阳国家高新区新材料创新型产业集群”改为“贵阳区块链与大数据创新型产业集群”。

8-2 创新型产业集群主要经济指标

创新型产业集群 Innovative Industrial Clusters	企业总数 (个) Number of Enterprises (unit)	高新技术企业数 (个) Number of Hi-tech Enterprises (unit)
合　计 **Total**	**13929**	**5354**
北京中关村移动互联网创新型产业集群 Beijing Zhongguancun Mobile Internet Innovative Industrial Cluster	532	138
亦庄数字电视和数字内容创新型产业集群 Yizhuang Digital TV and Content Innovative Industrial Cluster	33	10
丰台轨道交通创新型产业集群 Fengtai Rail Transit Innovative Industrial Cluster	67	67
天津高新区新能源创新型产业集群 Tianjin Hi-tech Zone New Energy Innovative Industrial Cluster	194	64
北辰高端装备制造创新型产业集群 Beichen Hi-end Equipment Manufacturing Innovative Industrial Cluster	194	79
石家庄药用辅料创新型产业集群 Shijiazhuang Pharmaceutic Adjuvant Innovative Industrial Cluster	210	38
邯郸现代装备制造创新型产业集群 Handan Modern Equipment Manufacturing Innovative Industrial Cluster	301	99
保定新能源与智能电网装备创新型产业集群 Baoding New Energy and Intelligent Power Grid Innovative Industrial Cluster	388	97
太原不锈钢创新型产业集群 Taiyuan Stainless Innovative Industrial Cluster	60	7
榆次液压创新型产业集群 Yuci Hydraulic Innovative Industrial Cluster	34	10
包头稀土高新技术产业开发区稀土新材料创新型产业集群 Baotou Rare Earth Hi-tech Zone Rare Earth New Material Innovative Industrial Cluster	66	50
大连信息技术及服务创新型产业集群 Dalian IT Technology and Service Innovative Industrial Cluster	1301	227
辽宁激光创新型产业集群 Liaoning Laser Innovative Industrial Cluster	283	32
本溪制药创新型产业集群 Benxi Pharmaceutics Innovative Industrial Cluster	58	22
长春汽车电子创新型产业集群 Changchun Automotive Electronics Innovative Industrial Cluster	176	39
通化医药创新型产业集群 Tonghua Medicine Innovative Industrial Cluster	57	11
齐齐哈尔重型数控机床创新型产业集群 Qiqihar Heavy Numerical Control Machine Innovative Industrial Cluster	50	27
大庆高新区高端石化创新型产业集群 Daqing Hi-tech Hi-end Petrochemical Industry Innovative Industrial Cluster	25	12
张江生物医药创新型产业集群 Zhangjiang Bio-medicine Innovative Industrial Cluster	131	112
上海新能源汽车及关键零部件创新型产业集群 Shanghai New Energy Automobile and Key Parts Innovative Industrial Cluster	35	35
上海精细化工创新型产业集群 Shanghai Fine Petrochemical Industry Innovative Industrial Cluster	194	82
江宁智能电网创新型产业集群 Jiangning Intelligent Power Grid Innovative Industrial Cluster	205	81
无锡高新区智能传感系统创新型产业集群 Xiamen Oceans and Life Sciences Innovative Industrial Cluster	298	123

注：2016年报表制度进行了调整，出口的单位由千美元改为千元，后同。

Main Economic Statistics of Innovative Industrial Clusters

年末从业人员（人）Year End Number of Employees (person)	大专及以上（人）College and Higher Level (person)	营业收入（千元）Operatng Revenue (1000 yuan)	出口总额（千元）Export (1000 yuan)	净利润（千元）Net Profit (1000 yuan)	上缴税费（千元）Taxes Submitted (1000 yuan)
3368974	**1846067**	**4042988398**	**659129939**	**292432616**	**241709258**
64027	61849	181940000	10600000	17730000	7640000
35646	28680	43520000	13478000	1940000	820600
448230	224800	106899235	365573	13169641	4067169
44560	21961	145624634	4509629	6350636	1753312
72318	47260	116861852	8149260	5164081	2619680
37235	32430	59777700	7123040	3752430	2900340
27100	16700	77986013	142970	5467465	3494651
62012	30102	56279415	5857489	25475	2383873
23005	10566	129800000	84000000	9800000	7400000
10480	810	8881000	615633	191900	528384
33230	4873	70129987	12395442	7820296	10122398
155420	136310	109661690	14986872	2762791	3827263
9964	6236	6051230	328780	235110	248360
10202	1914	3611262	38213.2	163458	752091
17346	13367	51902635.66	3183894.82	4304113.48	4204113.67
76990	31510	72368991	36514	4621993	1454578
25320	6380	14485450	1031206	188781	696768
52450	18975	84875543	455364.56	4113734	1512934
25000	20000	60000000		4400000	13700000
15809	4723	32041824	2769526	3291141	1798915
23694	7816	28321564	13339467.84	879699	1621799
48692	40215	55882165	4454798	5847213	8754831
130869	62894	110895545	66189525	3758952	2804562

8-2 续表 1

创新型产业集群 Innovative Industrial Clusters	企业总数 (个) Number of Enterprises (unit)	高新技术企业数 (个) Number of Hi-tech Enterprises (unit)
江阴特钢新材料创新型产业集群 Jiangyin Hi-tech Zone Special Steel New Material Innovative Industrial Cluster	107	35
常州高新区光伏创新型产业集群 Changzhou Hi-tech Zone photovoltaic Innovative Industrial Cluster	50	34
苏州高新区医疗器械创新型产业集群 Suzhou Hi-tech Medical Apparatus Innovative Industrial Cluster	189	42
苏州工业园区纳米新材料创新型产业集群 Suzhou Industrial Park Nano New Material Innovative Industrial Cluster	171	61
昆山小核酸创新型产业集群 Kunshan siRNA Innovative Industrial Cluster	41	2
杭州数字安防创新型产业集群 Hangzhou Digital Security Innovative Industrial Cluster	536	144
温州激光与光电创新型产业集群 Wenzhou Laser and Photoelectricity Innovative Industrial Cluster	180	131
合肥基于信息技术的公共安全创新型产业集群 Hefei IT-based Public Safety Innovative Industrial Cluster	245	132
芜湖新能源汽车创新型产业集群 Wuhu New Energy Automobile Innovative Industrial Cluster	140	116
蚌埠新型高分子材料创新型产业集群 Bengbu New Polymer Material Innovative Industrial Cluster	137	62
厦门海洋与生命科学创新型产业集群 Xiamen Oceans and Life Sciences Innovative Industrial Cluster	115	108
泉州微波通信创新型产业集群 Quanzhou Microwave Communication Innovative Industrial Cluster	31	23
闽东中小电机创新型产业集群 East Fujian Small and Medium Electric Motor Innovative Industrial Cluster	141	36
南昌高新技术产业开发区生物医药创新型产业集群 Nanchang Hi-tech Zone Bio-medicine Innovative Industrial Cluster	42	16
景德镇直升机制造创新型产业集群 Jingdezhen Helicopter Manufacturing Innovative Industrial Cluster	78	18
济南智能输配电创新型产业集群 Jinan Intelligent Power Transmission and Distribution Innovative Industrial Cluster	110	47
烟台海洋生物与医药创新型产业集群 Yantai Marine Organism and Medicine Innovative Industrial Cluster	50	6
潍坊半导体发光创新型产业集群 Weifang Light Emitting Semi-conductor Innovative Industrial Cluster	174	44
济宁高效传动与智能铲运机械创新型产业集群 Jining Efficient Drive and Intelligent Scraper Innovative Industrial Cluster	140	68
郑州智能仪器仪表创新型产业集群 Zhengzhou Intelligent Instruments and Meters Innovative Industrial Cluster	50	40
洛阳高新区轴承创新型产业集群 Luoyang Hi-tech Zone Bearing Innovative Industrial Cluster	238	36
南阳防爆装备制造创新型产业集群 Nanyang Explosion-proof Equipment Manufacturing Innovative Industrial Cluster	69	6
武汉东湖高新区国家地球空间信息及应用服务创新型产业集群 Wuhan Donghu Hi-tech Zone National Earth Space Information and Application Service Innovative Industrial Cluster	480	295

continued 1

年末从业人员（人）Year End Number of Employees (person)	大专及以上（人）College and Higher Level (person)	营业收入（千元）Operatng Revenue (1000 yuan)	出口总额（千元）Export (1000 yuan)	净利润（千元）Net Profit (1000 yuan)	上缴税费（千元）Taxes Submitted (1000 yuan)
24643	8041	93401501	6760160	6902110	7251604
23371	6155	42934790		2434630	2571450
7381	4034	5809100	3328955	287459	229610
6814	5336	9147454	1069348	295918	467747
417	380	21344.2		1	1286.3
77930	70223	115605177	21312390	17372427	7710933
60156	24432	55450134	12155436	4203839	2627399
34350	27890	33109149	471612	6158860	3032774
27859	8895	37129540	1218426	4856320	975219
34580	7074	37856763	2349511	1673816	1589281
31452	12544	15548895	4883467.6	2027933	748381
61252	23541	103366984	8073	8402623	9384147
97560	23890	48773520	535540	1013400	1365870
21289	7805	8884299	326414	855097	520868
21620	6243	23164653	359616	524245	641262
16100	14650	58300000	560000	15260000	14426000
6812	4604	5192436.4	189596	1038365.7	880119.9
28107	12056	31687254	8769774	3247629	976592
27952	20913	27654236	431558	695480	1086544
5358	3593	2726674		361677	234214
33125	15111	21083016	1000200	1275861	4230601
16968	6871	9202950	606819	386115	424503
57958	49513	22720130	659816	1751085	1372037

创新型产业集群 Innovative Industrial Clusters	企业总数 (个) Number of Enterprises (unit)	高新技术企业数 (个) Number of Hi-tech Enterprises (unit)
十堰商用车及部件创新型产业集群 Shiyan Commercial Vehicle and Parts Innovative Industrial Cluster	362	182
襄阳新能源汽车创新型产业集群 Xiangyang New Energy Automobile Innovative Industrial Cluster	72	45
长沙电力智能控制与设备创新型产业集群 Changsha Electrical Power Intelligent Control and Equipment Innovative Industrial Cluster	140	58
株洲轨道交通装备制造创新型产业集群 Zhuzhou Rail Transit Equipment Manufacturing Innovative Industrial Cluster	44	44
湘潭先进矿山装备制造创新型产业集群 Xiangtan Advanced Mine Equipment Manufacturing Innovative Industrial Cluster	165	69
广州个体医疗与生物医药创新型产业集群 Guangzhou Personalized Medical Care and Bio-medicine Innovative Industrial Cluster	613	216
深圳高新区下一代互联网创新型产业集群 Shenzhen Hi-tech Zone Next Generation Internet Innovative Industrial Cluster	790	493
珠海智能配电网装备创新型产业集群 Zhuhai Intelligent Power Distribution Network Equipment Innovative Industrial Cluster	84	60
惠州云计算智能终端创新型产业集群 Huizhou Cloud Computing Intelligent Terminals Innovative Industrial Cluster	404	103
中山健康科技创新型产业集群 Zhongshan Health Technology Innovative Industrial Cluster	258	73
南宁亚热带生物资源开发利用创新型产业集群 Nanning Subtropical Zone Biotic Resources Utilization Innovative Industrial Cluster	170	69
柳州高新区汽车整车及零部件创新型产业集群 Liuzhou Hi-tech Zone Complete Vehical and Parts Innovative Industrial Cluster	74	56
重庆高新区电子信息创新型产业集群 Chongqing Hi-tech Zone Electronic Information Innovative Industrial Cluster	352	123
成都数字新媒体创新型产业集群 Chengdu Digital New Media Innovative Industrial Cluster	816	468
绵阳汽车发动机及关键零部件创新型产业集群 Mianyang Automobile Motor and Key Parts Innovative Industrial Cluster	27	9
贵阳区块链与大数据创新型产业集群 Guiyang Block chain and large data Innovative Industrial Cluster	133	35
昆明市生物医药创新型产业集群 Kunming Bio-medicine Innovative Industrial Cluster	14	14
西安高新区军民融合通信创新型产业集群 Xian Hi-tech Zone Integration of Military and Civil Communication Technology Innovative Industrial Cluster	391	128
宝鸡高新区钛创新型产业集群 Baoji Hi-tech Zome Titanium Innovative Industrial Cluster	197	27
杨凌示范区生物创新型产业集群 Yangling Demonstration Zone Bio-tech Innovative Industrial Cluster	165	17
兰州高新技术产业开发区节能环保创新型产业集群 Lanzhou Hi-tech Energy Saving and Environment Friendly Technology Innovative Industrial Cluster	93	42
青藏高原特色生物资源与中藏药创新型产业集群 Qinghai-Tibetan Plateau Biotic Resources and Traditional Medicine Qinghai-Tibetan Plateau	81	19
海西盐湖化工特色循环经济创新型产业集群 West Qinghai Salt Lake Chemical Industry Circular Economy Innovative Industrial Cluster	43	11
乌鲁木齐电子新材料创新型产业集群 Urumqi Electronic New Material Innovative Industrial Cluster	35	29

continued 2

年末从业人员（人）Year End Number of Employees (person)	大专及以上（人）College and Higher Level (person)	营业收入（千元）Operatng Revenue (1000 yuan)	出口总额（千元）Export (1000 yuan)	净利润（千元）Net Profit (1000 yuan)	上缴税费（千元）Taxes Submitted (1000 yuan)
59820	18110	8254000	654542	1954540	300215
3695	3002	13022356	315680	1256820	765880
18000	8380	27912568	1440513.06	2300231	770010
57645	42605	108124564.8		6958595	7182422
31000	15002	30956740	622227.48	158997	1232682
43678	27132	51371543	383162	6098612	5441548
290478	228605	392967450.9	96022069.3	32068540.61	28317781.55
22868	13002	16760384.53	4061005.85	1257765.91	747115.35
153278	36313	215775684.8	119756738.5	8847816.48	11484829.51
29639	13264	75284810	4175078	4326541	3867415
44575	17543	46832426.06	918653.03	3216458.81	1723056.47
58696	25059	165999704.1	870849.3	6787398.93	10706100.34
49206	28202	46059959	1295474	4733289	2160904
120834	73250	132909951.4	64329433.86	8899512.6	4081953.67
16405	2900	18042142	843940	893423	734928
6254	5948	2654216		218506	139252
9046	6166	32677665	326512	3284426	2778770
67006	54768	104244238	38649389	6848547	2627019
17218	8779	35023141	613511	516550	732142
9160	4650	10225000	159670	265000	585620
12060	9500	9245897	515276	177987	461340
5177	2300	11870000	36300	195700	217930
57474	738	35570500	70117	2599840	6408240
13109	6684	14635720	2021889	1563718	387041

8-3 创新型产业集群主要科技活动成果情况

创新型产业集群 Innovative Industrial Clusters	当年发明专利申请(件) Number of Inventtion Patent Applications (piece)	当年发明专利授权(件) Number of Invetntion Patents Granted (piece)
合　计 Total	**52968**	**17931**
北京中关村移动互联网创新型产业集群 Beijing Zhongguancun Mobile Internet Innovative Industrial Cluster	695	580
亦庄数字电视和数字内容创新型产业集群 Yizhuang Digital TV and Content Innovative Industrial Cluster	22	7
丰台轨道交通创新型产业集群 Fengtai Rail Transit Innovative Industrial Cluster	123	151
天津高新区新能源创新型产业集群 Tianjin Hi-tech Zone New Energy Innovative Industrial Cluster	312	169
北辰高端装备制造创新型产业集群 Beichen Hi-end Equipment Manufacturing Innovative Industrial Cluster	522	267
石家庄药用辅料创新型产业集群 Shijiazhuang Pharmaceutic Adjuvant Innovative Industrial Cluster	246	290
邯郸现代装备制造创新型产业集群 Handan Modern Equipment Manufacturing Innovative Industrial Cluster	279	64
保定新能源与智能电网装备创新型产业集群 Baoding New Energy and Intelligent Power Grid Innovative Industrial Cluster	1500	286
太原不锈钢创新型产业集群 Taiyuan Stainless Innovative Industrial Cluster	205	34
榆次液压创新型产业集群 Yuci Hydraulic Innovative Industrial Cluster	23	5
包头稀土高新技术产业开发区稀土新材料创新型产业集群 Baotou Rare Earth Hi-tech Zone Rare Earth New Material Innovative Industrial Cluster	386	133
大连信息技术及服务创新型产业集群 Dalian IT Technology and Service Innovative Industrial Cluster	2561	749
辽宁激光创新型产业集群 Liaoning Laser Innovative Industrial Cluster	50	33
本溪制药创新型产业集群 Benxi Pharmaceutics Innovative Industrial Cluster	135	21
长春汽车电子创新型产业集群 Changchun Automotive Electronics Innovative Industrial Cluster	51	12
通化医药创新型产业集群 Tonghua Medicine Innovative Industrial Cluster	51	29
齐齐哈尔重型数控机床创新型产业集群 Qiqihar Heavy Numerical Control Machine Innovative Industrial Cluster	256	70
大庆高新区高端石化创新型产业集群 Daqing Hi-tech Hi-end Petrochemical Industry Innovative Industrial Cluster	31	9
张江生物医药创新型产业集群 Zhangjiang Bio-medicine Innovative Industrial Cluster	1010	230
上海新能源汽车及关键零部件创新型产业集群 Shanghai New Energy Automobile and Key Parts Innovative Industrial Cluster	115	37
上海精细化工创新型产业集群 Shanghai Fine Petrochemical Industry Innovative Industrial Cluster	184	63
江宁智能电网创新型产业集群 Jiangning Intelligent Power Grid Innovative Industrial Cluster	1258	102
无锡高新区智能传感系统创新型产业集群 Wuxi Hi-tech Zone Intelligent Sensor-based System Innovative Industrial Cluster	1150	429

Main Results of Science and Technology Activities of Innovative Industrial Clusters

拥有注册商标（件） (piece)	拥有软件著作权（件） Software Copyright in Force (piece)	拥有集成电路布图（件） IC Layout Design in Force (piece)	拥有植物新品种（件） Plant New Variety Rights in Force (piece)	当年形成国家或行业标准（项） National or Sector Standards Fromed (item)
56512	**61395**	**8821**	**460**	**870**
2840	3840			30
8	5			
67	721			7
489	282	15		18
1473	126			37
1274	15		14	17
287	57	4		8
3423	329	2		96
85	131			
59				
139	288	56		20
817	3039	161		12
	41			
115	25	19		
400	512	5		
883				4
107	28	1		22
44				
20				
30	75	3		1
13				2
255	1058			26
344	1374	572		2

8-3 续表 1

创新型产业集群 Innovative Industrial Clusters	当年发明专利申请 (件) Number of Inventtion Patent Applications (piece)	当年发明专利授权 (件) Number of Invetntion Patents Granted (piece)
江阴特钢新材料创新型产业集群 Jiangyin Hi-tech Zone Special Steel New Material Innovative Industrial Cluster	891	110
常州高新区光伏创新型产业集群 Changzhou Hi-tech Zone photovoltaic Innovative Industrial Cluster	105	77
苏州高新区医疗器械创新型产业集群 Suzhou Hi-tech Medical Apparatus Innovative Industrial Cluster	412	96
苏州工业园区纳米新材料创新型产业集群 Suzhou Industrial Park Nano New Material Innovative Industrial Cluster	603	236
昆山小核酸创新型产业集群 Kunshan siRNA Innovative Industrial Cluster	14	5
杭州数字安防创新型产业集群 Hangzhou Digital Security Innovative Industrial Cluster	2477	918
温州激光与光电创新型产业集群 Wenzhou Laser and Photoelectricity Innovative Industrial Cluster	813	665
合肥基于信息技术的公共安全创新型产业集群 Hefei IT-based Public Safety Innovative Industrial Cluster	267	265
芜湖新能源汽车创新型产业集群 Wuhu New Energy Automobile Innovative Industrial Cluster	1352	183
蚌埠新型高分子材料创新型产业集群 Bengbu New Polymer Material Innovative Industrial Cluster	270	193
厦门海洋与生命科学创新型产业集群 Xiamen Oceans and Life Sciences Innovative Industrial Cluster	391	64
泉州微波通信创新型产业集群 Quanzhou Microwave Communication Innovative Industrial Cluster	2158	1286
闽东中小电机创新型产业集群 East Fujian Small and Medium Electric Motor Innovative Industrial Cluster	86	36
南昌高新技术产业开发区生物医药创新型产业集群 Nanchang Hi-tech Zone Bio-medicine Innovative Industrial Cluster	54	29
景德镇直升机制造创新型产业集群 Jingdezhen Helicopter Manufacturing Innovative Industrial Cluster	80	10
济南智能输配电创新型产业集群 Jinan Intelligent Power Transmission and Distribution Innovative Industrial Cluster	1340	220
烟台海洋生物与医药创新型产业集群 Yantai Marine Organism and Medicine Innovative Industrial Cluster	66	72
潍坊半导体发光创新型产业集群 Weifang Light Emitting Semi-conductor Innovative Industrial Cluster	566	216
济宁高效传动与智能铲运机械创新型产业集群 Jining Efficient Drive and Intelligent Scraper Innovative Industrial Cluster	238	139
郑州智能仪器仪表创新型产业集群 Zhengzhou Intelligent Instruments and Meters Innovative Industrial Cluster	260	140
洛阳高新区轴承创新型产业集群 Luoyang Hi-tech Zone Bearing Innovative Industrial Cluster	1320	205
南阳防爆装备制造创新型产业集群 Nanyang Explosion-proof Equipment Manufacturing Innovative Industrial Cluster	13	5
武汉东湖高新区国家地球空间信息及应用服务创新型产业集群 Wuhan Donghu Hi-tech Zone National Earth Space Information and Application Service Innovative Industrial Cluster	462	203

continued 1

拥有注册商标（件） (piece)	拥有软件著作权（件） Software Copyright in Force (piece)	拥有集成电路布图（件） IC Layout Design in Force (piece)	拥有植物新品种（件） Plant New Variety Rights in Force (piece)	当年形成国家或行业标准（项） National or Sector Standards Fromed (item)
97	113			2
29	1			12
822	187	32	1	
5				1
4				
2400	6527	468		25
2964	353	22		174
215	142	6		7
91	30			1
432	1			6
1008	412			10
532	3569	6652		
4350	135			2
5				
139	8			3
49	1189	17		5
477	12			1
186	105			
135	203			15
57	342	7		3
1301	418			
10	12			
1173	3564	25	2	6

8-3 续表 2

创新型产业集群 Innovative Industrial Clusters	当年发明专利申请（件） Number of Inventtion Patent Applications (piece)	当年发明专利授权（件） Number of Invetntion Patents Granted (piece)
十堰商用车及部件创新型产业集群 Shiyan Commercial Vehicle and Parts Innovative Industrial Cluster	584	760
襄阳新能源汽车创新型产业集群 Xiangyang New Energy Automobile Innovative Industrial Cluster	118	35
长沙电力智能控制与设备创新型产业集群 Changsha Electrical Power Intelligent Control and Equipment Innovative Industrial Cluster	610	71
株洲轨道交通装备制造创新型产业集群 Zhuzhou Rail Transit Equipment Manufacturing Innovative Industrial Cluster	1791	677
湘潭先进矿山装备制造创新型产业集群 Xiangtan Advanced Mine Equipment Manufacturing Innovative Industrial Cluster	836	301
广州个体医疗与生物医药创新型产业集群 Guangzhou Personalized Medical Care and Bio-medicine Innovative Industrial Cluster	1018	236
深圳高新区下一代互联网创新型产业集群 Shenzhen Hi-tech Zone Next Generation Internet Innovative Industrial Cluster	12489	4268
珠海智能配电网装备创新型产业集群 Zhuhai Intelligent Power Distribution Network Equipment Innovative Industrial Cluster	255	108
惠州云计算智能终端创新型产业集群 Huizhou Cloud Computing Intelligent Terminals Innovative Industrial Cluster	2709	531
中山健康科技创新型产业集群 Zhongshan Health Technology Innovative Industrial Cluster	252	75
南宁亚热带生物资源开发利用创新型产业集群 Nanning Subtropical Zone Biotic Resources Utilization Innovative Industrial Cluster	450	205
柳州高新区汽车整车及零部件创新型产业集群 Liuzhou Hi-tech Zone Complete Vehical and Parts Innovative Industrial Cluster	460	180
重庆高新区电子信息创新型产业集群 Chongqing Hi-tech Zone Electronic Information Innovative Industrial Cluster	623	96
成都数字新媒体创新型产业集群 Chengdu Digital New Media Innovative Industrial Cluster	2315	400
绵阳汽车发动机及关键零部件创新型产业集群 Mianyang Automobile Motor and Key Parts Innovative Industrial Cluster	21	3
贵阳区块链与大数据创新型产业集群 Guiyang Block chain and large data Innovative Industrial Cluster	23	16
昆明市生物医药创新型产业集群 Kunming Bio-medicine Innovative Industrial Cluster	80	53
西安高新区军民融合通信创新型产业集群 Xian Hi-tech Zone Integration of Military and Civil Communication Technology Innovative Industrial Cluster	1796	402
宝鸡高新区钛创新型产业集群 Baoji Hi-tech Zome Titanium Innovative Industrial Cluster	79	52
杨凌示范区生物创新型产业集群 Yangling Demonstration Zone Bio-tech Innovative Industrial Cluster	663	186
兰州高新技术产业开发区节能环保创新型产业集群 Lanzhou Hi-tech Energy Saving and Environment Friendly Technology Innovative Industrial Cluster	106	39
青藏高原特色生物资源与中藏药创新型产业集群 Qinghai-Tibetan Plateau Biotic Resources and Traditional Medicine Qinghai-Tibetan Plateau	39	25
海西盐湖化工特色循环经济创新型产业集群 West Qinghai Salt Lake Chemical Industry Circular Economy Innovative Industrial Cluster	88	26
乌鲁木齐电子新材料创新型产业集群 Urumqi Electronic New Material Innovative Industrial Cluster	160	43

continued 2

拥有注册商标（件） (piece)	拥有软件著作权（件） Software Copyright in Force (piece)	拥有集成电路布图（件） IC Layout Design in Force (piece)	拥有植物新品种（件） Plant New Variety Rights in Force (piece)	当年形成国家或行业标准（项） National or Sector Standards Fromed (item)
73	20	1		21
17	119	17		3
87	991	15		1
257	426	1		28
	10	1		4
2569	530			20
9942	15173	445		47
318	1105	15		18
481	423	19		17
152	65			3
1226	50		28	23
721	58			4
628	1267	18		18
3168	9770	66		13
36				5
23	65	12		
1974	17		3	
2214	1416	24		40
98	5			10
2460	145	110	411	3
129	18	1		6
251	106		1	3
35	347	9		8

8-4 创新型产业集群主要服务机构情况

创新型产业集群 Innovative Industrial Clusters	国家级科技企业孵化器（个） Number of State-level Business Incubators (Unit)
合　计 Total	**175**
北京中关村移动互联网创新型产业集群 Beijing Zhongguancun Mobile Internet Innovative Industrial Cluster	1
亦庄数字电视和数字内容创新型产业集群 Yizhuang Digital TV and Content Innovative Industrial Cluster	2
丰台轨道交通创新型产业集群 Fengtai Rail Transit Innovative Industrial Cluster	3
天津高新区新能源创新型产业集群 Tianjin Hi-tech Zone New Energy Innovative Industrial Cluster	6
北辰高端装备制造创新型产业集群 Beichen Hi-end Equipment Manufacturing Innovative Industrial Cluster	1
石家庄药用辅料创新型产业集群 Shijiazhuang Pharmaceutic Adjuvant Innovative Industrial Cluster	7
邯郸现代装备制造创新型产业集群 Handan Modern Equipment Manufacturing Innovative Industrial Cluster	2
保定新能源与智能电网装备创新型产业集群 Baoding New Energy and Intelligent Power Grid Innovative Industrial Cluster	1
太原不锈钢创新型产业集群 Taiyuan Stainless Innovative Industrial Cluster	1
榆次液压创新型产业集群 Yuci Hydraulic Innovative Industrial Cluster	
包头稀土高新技术产业开发区稀土新材料创新型产业集群 Baotou Rare Earth Hi-tech Zone Rare Earth New Material Innovative Industrial Cluster	4
大连信息技术及服务创新型产业集群 Dalian IT Technology and Service Innovative Industrial Cluster	4
辽宁激光创新型产业集群 Liaoning Laser Innovative Industrial Cluster	1
本溪制药创新型产业集群 Benxi Pharmaceutics Innovative Industrial Cluster	1
长春汽车电子创新型产业集群 Changchun Automotive Electronics Innovative Industrial Cluster	10
通化医药创新型产业集群 Tonghua Medicine Innovative Industrial Cluster	1
齐齐哈尔重型数控机床创新型产业集群 Qiqihar Heavy Numerical Control Machine Innovative Industrial Cluster	
大庆高新区高端石化创新型产业集群 Daqing Hi-tech Hi-end Petrochemical Industry Innovative Industrial Cluster	1
张江生物医药创新型产业集群 Zhangjiang Bio-medicine Innovative Industrial Cluster	1
上海新能源汽车及关键零部件创新型产业集群 Shanghai New Energy Automobile and Key Parts Innovative Industrial Cluster	
上海精细化工创新型产业集群 Shanghai Fine Petrochemical Industry Innovative Industrial Cluster	1
江宁智能电网创新型产业集群 Jiangning Intelligent Power Grid Innovative Industrial Cluster	1
无锡高新区智能传感系统创新型产业集群 Wuxi Hi-tech Zone Intelligent Sensor-based System Innovative Industrial Cluster	3

Main Service Organizations of Innovative Industrial Clusters

国家技术转移示范机构(个) Number of State-level Technology Transfer Centers (Unit)	国家级示范生产力促进中心(个) Number of State-level Productivity Promotion Center (Unit)	具有国家级资质产品检验检测机构(个) Number of State-level Product Inspection and Testing Organziation (Unit)	研究院所(个) Number of Research Institutes (unit)	产业联盟组织数(个) Numbe of Industry Alliance (unit)
73	**37**	**76**	**334**	**187**
			2	11
				1
				1
1		2	4	1
	1	1	11	5
	1	2	4	4
1			1	1
3			2	5
				2
			2	10
2	1		1	4
2		1	4	4
	1		4	1
1	1	1	5	2
7	1	6	4	1
		1	3	
		1		
	1		3	1
	1	1	1	2
		1		
1		1		5
				2
			7	4

8-4 续表 1

创新型产业集群 Innovative Industrial Clusters	国家级科技企业孵化器(个) Number of State-level Business Incubators (Unit)
江阴特钢新材料创新型产业集群 Jiangyin Hi-tech Zone Special Steel New Material Innovative Industrial Cluster	1
常州高新区光伏创新型产业集群 Changzhou Hi-tech Zone photovoltaic Innovative Industrial Cluster	
苏州高新区医疗器械创新型产业集群 Suzhou Hi-tech Medical Apparatus Innovative Industrial Cluster	5
苏州工业园区纳米新材料创新型产业集群 Suzhou Industrial Park Nano New Material Innovative Industrial Cluster	2
昆山小核酸创新型产业集群 Kunshan siRNA Innovative Industrial Cluster	
杭州数字安防创新型产业集群 Hangzhou Digital Security Innovative Industrial Cluster	5
温州激光与光电创新型产业集群 Wenzhou Laser and Photoelectricity Innovative Industrial Cluster	3
合肥基于信息技术的公共安全创新型产业集群 Hefei IT-based Public Safety Innovative Industrial Cluster	5
芜湖新能源汽车创新型产业集群 Wuhu New Energy Automobile Innovative Industrial Cluster	1
蚌埠新型高分子材料创新型产业集群 Bengbu New Polymer Material Innovative Industrial Cluster	7
厦门海洋与生命科学创新型产业集群 Xiamen Oceans and Life Sciences Innovative Industrial Cluster	4
泉州微波通信创新型产业集群 Quanzhou Microwave Communication Innovative Industrial Cluster	
闽东中小电机创新型产业集群 East Fujian Small and Medium Electric Motor Innovative Industrial Cluster	
南昌高新技术产业开发区生物医药创新型产业集群 Nanchang Hi-tech Zone Bio-medicine Innovative Industrial Cluster	5
景德镇直升机制造创新型产业集群 Jingdezhen Helicopter Manufacturing Innovative Industrial Cluster	1
济南智能输配电创新型产业集群 Jinan Intelligent Power Transmission and Distribution Innovative Industrial Cluster	
烟台海洋生物与医药创新型产业集群 Yantai Marine Organism and Medicine Innovative Industrial Cluster	1
潍坊半导体发光创新型产业集群 Weifang Light Emitting Semi-conductor Innovative Industrial Cluster	2
济宁高效传动与智能铲运机械创新型产业集群 Jining Efficient Drive and Intelligent Scraper Innovative Industrial Cluster	3
郑州智能仪器仪表创新型产业集群 Zhengzhou Intelligent Instruments and Meters Innovative Industrial Cluster	4
洛阳高新区轴承创新型产业集群 Luoyang Hi-tech Zone Bearing Innovative Industrial Cluster	2
南阳防爆装备制造创新型产业集群 Nanyang Explosion-proof Equipment Manufacturing Innovative Industrial Cluster	1
武汉东湖高新区国家地球空间信息及应用服务创新型产业集群 Wuhan Donghu Hi-tech Zone National Earth Space Information and Application Service Innovative Industrial Cluster	1

continued 1

国家技术转移示范机构（个） Number of State-level Technology Transfer Centers (Unit)	国家级示范生产力促进中心（个） Number of State-level Productivity Promotion Center (Unit)	具有国家级资质产品检验检测机构（个） Number of State-level Product Inspection and Testing Organziation (Unit)	研究院所（个） Number of Research Institutes (unit)	产业联盟组织数（个） Numbe of Industry Alliance (unit)
		1		1
	1	1		1
1		1	10	1
		1	3	2
			1	1
7	1	3	1	5
1		5	29	3
1	3	1	4	1
			1	1
4	2	4	4	4
1			3	1
			3	8
			1	1
	1	3	6	1
1			2	1
				2
	1		1	
1		1	1	3
1	1	2	3	12
1				2
	1	1	2	1
	1	2	1	1
	1			2

8-4 续表 2

创新型产业集群 Innovative Industrial Clusters	国家级科技企业孵化器 （个） Number of State-level Business Incubators (Unit)
十堰商用车及部件创新型产业集群 Shiyan Commercial Vehicle and Parts Innovative Industrial Cluster	1
襄阳新能源汽车创新型产业集群 Xiangyang New Energy Automobile Innovative Industrial Cluster	1
长沙电力智能控制与设备创新型产业集群 Changsha Electrical Power Intelligent Control and Equipment Innovative Industrial Cluster	7
株洲轨道交通装备制造创新型产业集群 Zhuzhou Rail Transit Equipment Manufacturing Innovative Industrial Cluster	
湘潭先进矿山装备制造创新型产业集群 Xiangtan Advanced Mine Equipment Manufacturing Innovative Industrial Cluster	1
广州个体医疗与生物医药创新型产业集群 Guangzhou Personalized Medical Care and Bio-medicine Innovative Industrial Cluster	5
深圳高新区下一代互联网创新型产业集群 Shenzhen Hi-tech Zone Next Generation Internet Innovative Industrial Cluster	5
珠海智能配电网装备创新型产业集群 Zhuhai Intelligent Power Distribution Network Equipment Innovative Industrial Cluster	2
惠州云计算智能终端创新型产业集群 Huizhou Cloud Computing Intelligent Terminals Innovative Industrial Cluster	3
中山健康科技创新型产业集群 Zhongshan Health Technology Innovative Industrial Cluster	2
南宁亚热带生物资源开发利用创新型产业集群 Nanning Subtropical Zone Biotic Resources Utilization Innovative Industrial Cluster	3
柳州高新区汽车整车及零部件创新型产业集群 Liuzhou Hi-tech Zone Complete Vehical and Parts Innovative Industrial Cluster	1
重庆高新区电子信息创新型产业集群 Chongqing Hi-tech Zone Electronic Information Innovative Industrial Cluster	2
成都数字新媒体创新型产业集群 Chengdu Digital New Media Innovative Industrial Cluster	4
绵阳汽车发动机及关键零部件创新型产业集群 Mianyang Automobile Motor and Key Parts Innovative Industrial Cluster	3
贵阳区块链与大数据创新型产业集群 Guiyang Block chain and large data Innovative Industrial Cluster	1
昆明市生物医药创新型产业集群 Kunming Bio-medicine Innovative Industrial Cluster	2
西安高新区军民融合通信创新型产业集群 Xian Hi-tech Zone Integration of Military and Civil Communication Technology Innovative Industrial Cluster	16
宝鸡高新区钛创新型产业集群 Baoji Hi-tech Zome Titanium Innovative Industrial Cluster	2
杨凌示范区生物创新型产业集群 Yangling Demonstration Zone Bio-tech Innovative Industrial Cluster	1
兰州高新技术产业开发区节能环保创新型产业集群 Lanzhou Hi-tech Energy Saving and Environment Friendly Technology Innovative Industrial Cluster	3
青藏高原特色生物资源与中藏药创新型产业集群 Qinghai-Tibetan Plateau Biotic Resources and Traditional Medicine Qinghai-Tibetan Plateau	3
海西盐湖化工特色循环经济创新型产业集群 West Qinghai Salt Lake Chemical Industry Circular Economy Innovative Industrial Cluster	
乌鲁木齐电子新材料创新型产业集群 Urumqi Electronic New Material Innovative Industrial Cluster	2

continued 2

国家技术转移示范机构(个) Number of State-level Technology Transfer Centers (Unit)	国家级示范生产力促进中心(个) Number of State-level Productivity Promotion Center (Unit)	具有国家级资质产品检验检测机构(个) Number of State-level Product Inspection and Testing Organziation (Unit)	研究院所(个) Number of Research Institutes (unit)	产业联盟组织数(个) Numbe of Industry Alliance (unit)
	1	1	1	4
1	1	2	2	1
3	2		5	1
1	1			1
1				1
1	1	3	5	3
5		5	68	
1			2	1
1		5		2
3	1	2	3	5
1	1	4	5	11
1	1	1	12	1
3			4	1
3	1			4
1	1			3
1	1	1	3	2
1	1		1	4
7	1	7	68	7
	1	1	10	3
1	1		3	4
			4	
			3	2
				4
			1	

第九部分

全国技术市场

The Ninth Part

Technology Market in China

9-1 全国技术合同成交情况

Statistics of Technology Contract Deals in Domestic Technical Markets

年 份 Year	合同数 (项) Number of Contracts (item)	技术合同交易额 (亿元) Value of Technology Contract Deals (100 million yuan)	交易额占国内生产总值 (%) Value of Technology Contract Deals as a Percentage of Gross Domestic Product (%)
2001	229702	782.0	0.71
2002	237093	884.0	0.73
2003	267997	1084.0	0.93
2004	264638	1334.0	0.98
2005	265010	1551.0	0.85
2006	205845	1818.0	0.87
2007	220868	2226.0	0.80
2008	226343	2665.0	0.89
2009	213752	3039.0	0.91
2010	229601	3906.6	0.98
2011	256428	4763.6	1.01
2012	282242	6437.1	1.24
2013	294929	7469.1	1.31
2014	297037	8577.2	1.35
2015	307132	9835.8	1.45
2016	320437	11407.0	1.53

9-2 技术合同类别构成情况
Technology Contract Distribution by Category

合同类别 Category of Contract	合同数（项） Number of Contracts (item)	合同交易额（亿元） Value of Contract Deals (100 million yuan)	技术交易额（亿元） Value of Technical Deals (100 million yuan)
合计 **Total**	**320437**	**11407.0**	**8454.7**
技术开发 **Technology Development**	**148582**	**3479.6**	**2819.1**
委托开发 Commissioned Development	137532	3139.0	2581.6
合作开发 Cooperated Development	11050	340.6	237.5
技术转让 **Technology Transfer**	**12556**	**1607.9**	**1362.2**
技术秘密转让 Technical Secrets Transfer	6398	1018.5	796.7
专利实施许可转让 Patent License Transfer	1999	117.3	105.6
专利权转让 Patent Right Transfer	1799	92.5	76.8
专利申请权转让 Patent Application Right Transfer	204	4.5	4.3
计算机软件著作权转让 Computer Software Copyright Transfer	740	40.8	40.6
集成电路布图设计专有权转让 Integrated Circuit Layout Design Exclusive Right Transfer	25	23.8	20.1
植物新品种权转让 New Species of Plants Patent Right Transfer	385	19.4	18.0
生物、医药新品种权转让 New Species of Biology and Medicine Patent Right Transfer	375	26.5	22.4
设计著作权转让 Design Copyright Transfer	11	0.1	0.1
技术咨询 **Technology Consultation**	**24447**	**468.3**	**347.5**
技术服务 **Technology Service**	**134852**	**5851.1**	**3925.9**
一般性技术服务 Normal Technology Service	132172	5801.2	3883.6
技术中介 Technology Intermediary	1485	24.1	20.6
技术培训 Technology Training	1195	25.8	21.7

9-3 技术合同知识产权构成情况

Technology Contract Distribution by Intellectual Right

知识产权 Intellectural Right	合同数 (项) Number of Contracts (item)	合同交易额 (亿元) Value of Contract Deals (100 million yuan)	技术交易额 (亿元) Value of Technical Deals (100 million yuan)
合 计	**320437**	**11407.0**	**8454.7**
Total			
技术秘密	**78319**	**2657.6**	**2166.8**
Technology Secrets			
专利	**9839**	**1297.3**	**810.7**
Patent			
发明专利	5914	730.7	514.3
Invention Patent			
实用新型专利	3642	557.1	288.9
Utility Mode Patent			
外观设计专利	283	9.5	7.5
Design Patent			
计算机软件	**46264**	**835.5**	**798.8**
Computer Software			
植物新品种	**796**	**35.4**	**27.9**
New Species of Animals and Plants			
集成电路布图设计	**1079**	**43.0**	**38.7**
IC Layout Design			
生物、医药新品种	**2368**	**73.5**	**65.4**
New Species of Biology and Medicine			
设计著作权	**2411**	**114.0**	**110.8**
Design Copyright			
未涉及知识产权	**179361**	**6350.9**	**4435.6**
Others			

9-4 技术合同技术领域构成情况

Technology Contract Distribution by Technical Field

技术领域 Technical Field	合同数（项） Number of Contracts (item)	合同交易额（亿元） Value of Contract Deals (100 million yuan)	技术交易额（亿元） Value of Technical Deals (100 million yuan)
合 计 **Total**	**320437**	**11407.0**	**8454.7**
电子信息技术 IT Technology	136246	3312.9	3073.6
航空航天技术 Aviation and Aerospace Technology	9680	267.6	255.1
先进制造技术 Advanced Manufacture Technology	30490	1441.0	888.4
生物、医药和医疗器械技术 Biology,Medicine and Medical Machine Technology	26177	612.7	518.3
新材料及其应用 Advanced Material and Application	12793	512.8	308.6
新能源与高效节能 New Energy and Power Saving	18432	1138.8	722.1
环境保护与资源综合利用技术 Environment Protection and Resource Utilization Technology	19205	926.4	691.1
核应用技术 Nuclear Application Technology	491	76.4	46.5
农业技术 Agriculture Technology	13996	317.8	202.3
现代交通 Modern Transportation	10895	1368.8	940.7
城市建设与社会发展 Urban Construction and Social Development	42032	1431.7	808.1

9-5 技术合同社会-经济目标构成情况

Technology Contract Distribution by Social and Economic Objectives

经济目标 Economic Objective	合同数 （项） Number of Contracts (item)	合同交易额 （亿元） Value of Contract Deals (100 million yuan)	技术交易额 （亿元） Value of Technical Deals (100 million yuan)
合计 Total	**320437**	**11407.0**	**8454.7**
地球和大气层的探索与利用 Earth and Atmosphere Exploration and Utility	676	23.5	9.3
非定向研究 Nondirective Research	12272	406.0	322.1
工商业发展 Industry Promotion	28019	1245.5	1016.1
国防 Defense	11991	270.2	241.5
环境保护、生态建设与污染防治 Environmental Protection，Ecological Building and Pollution Prevention	18070	909.4	678.3
基础设施以及城市和农村规划 Infrastructure	23050	1505.6	963.9
教育事业发展 Education Development	10593	74.7	60.6
民用空间探测及开发 Civil Aerospace Exploration	1415	62.5	60.1
能源的生产、分配和合理利用 Energy Production，Distribution and Application	16598	1073.1	636.7
农林牧渔业发展 Farming,Forestry and Fishery	14995	308.5	213.6
其他民用目标 Other Civil Purpose	48157	1591.2	1246.8
社会发展和社会服务 Social Development and Social Service	116742	3529.7	2672.1
卫生事业发展 Sanitation Development	17859	407.2	333.7

9-6 技术合同计划项目构成情况

Technology Contract Distribution by Science Program Project

计划类别 Category of Science Program	合同数（项） Number of Contracts (item)	合同交易额（亿元） Value of Contract Deals (100 million yuan)	技术交易额（亿元） Value of Technical Deals (100 million yuan)
合　计 **Total**	**320437**	**11407.0**	**8454.7**
国家计划 **National Science Program**	**7877**	**176.5**	**141.5**
高技术研究发展计划(863计划) Hi-Tech Research and Development Program of China	155	18.9	16.7
国际科技合作计划 International S&T Cooperation Program	40	1.9	1.8
国际热核聚变实验堆(ITER)计划专项 ITER Program	11	8.1	7.5
国家科技支撑计划 Key Technologies R&D Program	133	3.4	2.5
国家科技重大专项 National S&T Major Program	414	23.7	18.0
国家农业科技成果转化资金 Agriculture Science and Technology Achievement Transform Fund	14	0.2	0.1
国家软科学研究计划 National Soft Science Research Program	5	0.0	0.0
国家重点新产品计划 National New Product Program	76	9.6	9.6
火炬计划 Torch Program	21	1.0	0.4
基础研究计划(973计划)和国家重大科学研究计划 National Basic Research Program and National Major Scientific Research Program of China	102	3.5	3.5
科技富民强县专项行动计划 S&T Program for County and Farmer Enrichment	3	0.0	0.0
科技惠民计划 S&T Program for Public Wellbeing	6	0.2	0.0
科技基础条件平台建设 S&T Infrastructure Program	34	1.9	0.5
科技型中小企业技术创新基金 Innovation Fund for Technology-Based Small and Medium Size Enterprises	219	6.0	1.9
科研院所技术开发研究专项资金 Special Technology Development Project for Research Institutions	189	0.5	0.5
其他 Other	2272	58.1	43.0
星火计划 Spark Program	17	0.4	0.2
自然科学基金 Natural Science Fund	1974	16.0	15.8
部门计划 **Science Program at Ministerial Level**	**5590**	**296.5**	**225.5**
省、自治区、直辖市及计划单列市计划 **Provincial Level Science Program**	**14146**	**921.9**	**476.0**
地市县计划 **Region Level Science Program**	**14938**	**519.9**	**297.4**
计划外 **Others not Supported by Program**	**277886**	**9492.2**	**7314.3**

9-7 卖方机构构成及交易情况

Technology Contract Distribution by Technology Seller

卖方类别 Category of Technology Seller	机构数(个) Number of Seller (unit)	合同数(项) Number of Contracts (item)	成交金额(亿元) Value of Contract Deals (100 million yuan)	技术交易额(亿元) Value of Technical Deals (100 million yuan)
合 计 Total	**32817**	**320437**	**11407.0**	**8454.7**
机关法人 Governments	**280**	**1546**	**171.1**	**106.6**
事业法人 Public Organizations	**2263**	**97196**	**1149.6**	**952.7**
科研机构 Research Institutes	1073	30804	705.2	560.7
高等院校 Higher Education	550	59769	360.0	327.8
医疗、卫生 Medical and Sanitation	164	2843	17.3	13.9
其它 Other	476	3780	67.0	50.3
社团法人 Social Organization	**129**	**968**	**59.8**	**56.4**
企业法人 Enterprises	**29571**	**218387**	**9881.4**	**7206.4**
内资企业 Domestic Funded Enterprises	27052	202784	8384.0	5908.1
港澳台商投资企业 Enterprises with Funds from Hongkong,Macao and Taiwan	366	2977	190.6	160.1
外商投资企业 Foreign Funded Enterprises	1044	9792	838.3	792.3
个体经营 Private Enterprises	523	1361	24.8	15.5
境外企业 Overseas Enterprises	586	1473	443.7	330.3
自然人 Natural Person	**366**	**1004**	**13.5**	**11.1**
其他组织 Other Organizations	**208**	**1336**	**131.6**	**121.5**

9-8 买方机构构成及交易情况

Technology Contract Distribution by Technology Buyer

买方类别 Category of Technology Buyer	合同数 (项) Number of Contracts (item)	合同交易额 (亿元) Value of Contract Deals (100 million yuan)	技术交易额 (亿元) Value of Technical Deals (100 million yuan)
合计 Total	**320437**	**11407.0**	**8454.7**
机关法人 Governments	**42626**	**1578.8**	**1016.5**
事业法人 Public Organizations	**57945**	**895.9**	**731.9**
科研机构 Research Institutes	21272	314.1	274.5
高等院校 Higher Education	11895	84.0	71.1
医疗卫生 Medical and Sanitation	4294	26.4	22.7
其它 Other	20484	471.4	363.6
社团法人 Social Organizations	**1755**	**11.8**	**10.6**
企业法人 Enterprises	**211078**	**8773.2**	**6568.9**
内资企业 Domestic Funded Enterprises	191302	6842.3	4822.7
港澳台商投资企业 Enterprises with Funds from Hongkong,Macao and Taiwan	1947	151.2	139.9
外商投资企业 Foreign Funded Enterprises	9064	482.9	459.3
个体经营 Private Enterprises	5053	48.6	33.2
境外企业 Overseas Enterprises	3712	1248.2	1113.8
自然人 Natural Person	**3496**	**22.1**	**17.4**
其他组织 Other Organizations	**3537**	**125.2**	**109.4**

9-9 重大技术合同构成情况
Key Technology Contract Composition

构成 Composition	合同数 (项) Number of Contracts (item)	成交金额 (亿元) Value of Contract Deals (100 million yuan)
一、合同类别 **Category of Contracts**		
合 计 **Total**	**10658**	**8732.6**
技术服务 Technology Service	4822	4833.7
技术开发 Technology Development	3839	2127.6
技术转让 Technology Transfer	1437	1441.4
技术咨询 Technology Consultation	560	330.0
二、技术领域 **Technical Field**		
合 计 **Total**	**10658**	**8732.6**
电子信息技术 IT Technology	3033	2258.0
先进制造技术 Advanced Manufacture	1751	1111.9
新能源与高效节能 New Energy and Energy Saving	999	960.5
现代交通 Modern Transportation	750	1265.6
环境保护与资源综合利用技术 Environment Protection and Resource Comprehensive Utilization	631	798.3
新材料及其应用 Advanced Material and Application	593	401.9
生物、医药和医疗器械技术 Biology,Medicine and Medical Machine	821	409.4
城市建设与社会发展 Urban construction and Social Development	1255	1120.4
农业技术 Agriculture Technology	560	183.2
航空航天技术 Aviation and Aerospace Technology	234	150.8
核应用技术 Nuclear Application Technology	31	72.7
三、知识产权 **Intellectual Right**		
合 计 Total	**10658**	**8732.6**
技术秘密 Technology Secrets	2356	1971.0
专利 Patents	862	1184.6
计算机软件 Computer Software	794	434.3
植物新品种 New Species of Plants and Animals	64	26.7
集成电路布图设计 IC Layout Design	52	34.6
生物、医药新品种 New Species of Biology and Medical	120	44.1
设计著作权 Design Copyright	103	96.8
未涉及知识产权 Other	6307	4940.6

9-10 各省、自治区、直辖市技术合同登记情况
Technology Contract Distribution by Region

地区	Region	合同数（项）Number of Contracts (item)	成交金额（亿元）Value of Contract Deals (100 million yuan)	排名 Ranking
合计	**Total**	**320437**	**11407.0**	
北京	Beijing	74965	3940.8	1
天津	Tianjin	13060	602.3	7
河北	Hebei	3848	59.6	20
山西	Shanxi	806	42.7	24
内蒙古	Inner Mongolia	611	13.8	27
辽宁	Liaoning	13376	340.8	9
吉林	Jilin	5671	115.4	16
黑龙江	Heilongjiang	1747	132.0	15
上海	Shanghai	21203	822.9	3
江苏	Jiangsu	29507	729.3	6
浙江	Zhejiang	14826	201.8	13
安徽	Anhui	12969	217.7	12
福建	Fujian	5220	105.7	17
江西	Jiangxi	1985	79.0	19
山东	Shandong	22260	420.2	8
河南	Henan	4275	59.2	21
湖北	Hubei	24248	927.7	2
湖南	Hunan	3976	105.6	18
广东	Guangdong	17480	789.7	5
广西	Guangxi	1832	34.1	25
海南	Hainan	311	3.4	30
重庆	Chongqing	2094	257.4	11
四川	Sichuan	11609	304.9	10
贵州	Guizhou	980	22.4	26
云南	Yunnan	2610	58.4	22
西藏	Tibet	/	/	31
陕西	Shaanxi	21033	802.7	4
甘肃	Gansu	5252	150.8	14
青海	Qinghai	986	56.9	23
宁夏	Ningxia	992	5.3	28
新疆	Xinjiang	705	4.3	29

9-11 各省、自治区、直辖市技术交易情况
Technology Trade Statistics by Region

地区	Region	输出技术 Technology Output		吸纳技术 Technology Adoption	
		合同数（项） Number of Contracts (item)	成交金额（亿元） Value of Contract Deals (100 million yuan)	合同数（项） Number of Contracts (item)	成交金额（亿元） Value of Contract Deals (100 million yuan)
合计	**Total**	**320437**	**11407.0**	**320437**	**11407.0**
北京	Beijing	74983	3941.0	55480	1753.2
天津	Tianjin	12934	552.6	9612	389.2
河北	Hebei	3846	59.0	6956	184.3
山西	Shanxi	804	42.6	3104	234.1
内蒙古	Inner Mongolia	605	12.0	2656	142.7
辽宁	Liaoning	13004	323.2	10884	200.0
吉林	Jilin	5672	115.4	4916	93.1
黑龙江	Heilongjiang	1738	125.8	3733	175.5
上海	Shanghai	20843	781.0	22589	432.0
江苏	Jiangsu	29430	635.6	27370	905.6
浙江	Zhejiang	14808	198.4	18120	288.3
安徽	Anhui	12966	217.4	13011	201.7
福建	Fujian	5115	43.2	6334	278.7
江西	Jiangxi	1985	79.0	3112	188.1
山东	Shandong	22068	395.9	23121	505.2
河南	Henan	4270	58.7	5762	154.1
湖北	Hubei	23964	903.8	15038	642.0
湖南	Hunan	3980	105.6	4597	102.1
广东	Guangdong	17178	754.3	24833	792.6
广西	Guangxi	1832	34.0	3466	68.8
海南	Hainan	311	3.4	1329	39.8
重庆	Chongqing	2053	147.2	3525	524.9
四川	Sichuan	11537	289.5	11564	331.8
贵州	Guizhou	974	20.4	2777	167.4
云南	Yunnan	2607	58.3	4564	171.4
西藏	Tibet	/	/	511	19.5
陕西	Shaanxi	21037	802.8	14626	359.1
甘肃	Gansu	5255	150.7	5772	172.7
青海	Qinghai	986	56.9	1958	79.3
宁夏	Ningxia	990	4.1	1717	42.7
新疆	Xinjiang	705	4.3	2691	93.6
香港	Hongkong	27	2.4	691	112.8
台湾	Taiwan	45	64.8	101	5.2
澳门	Macao	/	/	27	7.3
国外	Overseas	1885	423.6	3890	1548.3

9-12 计划单列市技术交易情况

Technology Trade Statistics of the Cities Listed Independently in the State Plan

地区	Region	输出技术 Technology Output			吸纳技术 Technology Adoption		
		合同数(项) Number of Contracts (item)	成交金额(亿元) Value of Contract Deals (100 million yuan)	排名 Ranking	合同数(项) Number of Contracts (item)	成交金额(亿元) Value of Contract Deals (100 million yuan)	排名 Ranking
合计	**Total**	**26421**	**695.8**		**27463**	**662.9**	
大连	Dalian	6713	81.4	3	5510	55.8	3
宁波	Ningbo	1711	19.2	5	2738	46.7	4
厦门	Xiamen	3581	30.8	4	2761	38.7	5
青岛	Qingdao	4604	95.6	2	4122	114.5	2
深圳	Shenzhen	9812	468.7	1	12332	407.3	1

9-13 副省级城市技术交易情况

Technology Trade Statistics of the Deputy Provincial Level Cities

地区	Region	输出技术 Technology Output			吸纳技术 Technology Adoption		
		合同数(项) Number of Contracts (item)	成交金额(亿元) Value of Contract Deals (100 million yuan)	排名 Ranking	合同数(项) Number of Contracts (item)	成交金额(亿元) Value of Contract Deals (100 million yuan)	排名 Ranking
合计	**Total**	**99617**	**2554.7**		**68890**	**2030.7**	
沈阳	Shenyang	5177	187.3	6	3026	52.8	10
长春	Changchun	5265	108.2	7	3509	70.7	8
哈尔滨	Harbin	1608	107.6	8	2591	132.5	6
南京	Nanjing	22827	215.7	5	13388	544.7	1
杭州	Hangzhou	7886	88.0	9	6839	87.2	7
武汉	Wuhan	16505	544.7	2	9813	469.3	2
济南	Jinan	4866	44.8	10	4437	65.0	9
广州	Guangzhou	5885	263.8	3	6815	168.0	5
成都	Chengdu	10177	261.8	4	7274	202.1	4
西安	Xi'an	19421	732.8	1	11198	238.6	3

9-14 东部地区技术交易情况
Technology Trade Statistics of the Eastern Region

地区 Region		输出技术 Technology Output			吸纳技术 Technology Adoption		
		合同数（项） Number of Contracts (item)	成交金额（亿元） Value of Contract Deals (100 million yuan)	排名 Ranking	合同数（项） Number of Contracts (item)	成交金额（亿元） Value of Contract Deals (100 million yuan)	排名 Ranking
合计	**Total**	**201516**	**7364.5**		**195744**	**5568.9**	
北京	Beijing	74983	3941.0	1	55480	1753.2	1
天津	Tianjin	12934	552.6	5	9612	389.2	6
河北	Hebei	3846	59.0	8	6956	184.3	9
上海	Shanghai	20843	781.0	2	22589	432.0	5
江苏	Jiangsu	29430	635.6	4	27370	905.6	2
浙江	Zhejiang	14808	198.4	7	18120	288.3	7
福建	Fujian	5115	43.2	9	6334	278.7	8
山东	Shandong	22068	395.9	6	23121	505.2	4
广东	Guangdong	17178	754.3	3	24833	792.6	3
海南	Hainan	311	3.4	10	1329	39.8	10

9-15 中部地区技术交易情况
Technology Trade Statistics of the Middle Region

地区 Region		输出技术 Technology Output			吸纳技术 Technology Adoption		
		合同数（项） Number of Contracts (item)	成交金额（亿元） Value of Contract Deals (100 million yuan)	排名 Ranking	合同数（项） Number of Contracts (item)	成交金额（亿元） Value of Contract Deals (100 million yuan)	排名 Ranking
合计	**Total**	**47969**	**1407.1**		**44624**	**1522.0**	
湖北	Hubei	23964	903.8	1	15038	642.0	1
安徽	Anhui	12966	217.4	2	13011	201.7	3
湖南	Hunan	3980	105.6	3	4597	102.1	6
河南	Henan	4270	58.7	5	5762	154.1	5
江西	Jiangxi	1985	79.0	4	3112	188.1	4
山西	Shanxi	804	42.6	6	3104	234.1	2

9-16 西部地区技术交易情况

Technology Trade Statistics of the Western Region

地 区	Region	输出技术 Technology Output			吸纳技术 Technology Adoption		
		合同数（项） Number of Contracts (item)	成交金额（亿元） Value of Contract Deals (100 million yuan)	排名 Ranking	合同数（项） Number of Contracts (item)	成交金额（亿元） Value of Contract Deals (100 million yuan)	排名 Ranking
合 计	**Total**	**48581**	**1580.1**		**55827**	**2173.9**	
重 庆	Chongqing	2053	147.2	4	3525	524.9	1
内蒙古	Inner Mongolia	605	12.0	9	2656	142.7	7
四 川	Sichuan	11537	289.5	2	11564	331.8	3
陕 西	Shaanxi	21037	802.8	1	14626	359.1	2
云 南	Yunnan	2607	58.3	5	4564	171.4	5
甘 肃	Gansu	5255	150.7	3	5772	172.7	4
新 疆	Xinjiang	705	4.3	10	2691	93.6	8
青 海	Qinghai	986	56.9	6	1958	79.3	9
贵 州	Guizhou	974	20.4	8	2777	167.4	6
广 西	Guangxi	1832	34.0	7	3466	68.8	10
宁 夏	Ningxia	990	4.1	11	1717	42.7	11
西 藏	Xizang	/	/	12	511	19.5	12

9-17 东北地区技术交易情况

Technology Trade Statistics of the Northeast Region

地 区	Region	输出技术 Technology Output			吸纳技术 Technology Adoption		
		合同数（项） Number of Contracts (item)	成交金额（亿元） Value of Contract Deals (100 million yuan)	排名 Ranking	合同数（项） Number of Contracts (item)	成交金额（亿元） Value of Contract Deals (100 million yuan)	排名 Ranking
合 计	**Total**	**20414**	**564.4**		**19533**	**468.7**	
辽 宁	Liaoning	13004	323.2	1	10884	200.0	1
黑龙江	Heilongjiang	1738	125.8	2	3733	175.5	2
吉 林	Jilin	5672	115.4	3	4916	93.1	3

9-18 环渤海地区技术交易情况
Technology Trade Statistics of the Bohai Sea Rim Region

地区	Region	输出技术 Technology Output			吸纳技术 Technology Adoption		
		合同数（项）Number of Contracts (item)	成交金额（亿元）Value of Contract Deals (100 million yuan)	排名 Ranking	合同数（项）Number of Contracts (item)	成交金额（亿元）Value of Contract Deals (100 million yuan)	排名 Ranking
合计	**Total**	**128244**	**5326.4**		**111813**	**3408.8**	
北京	Beijing	74983	3941.0	1	55480	1753.2	1
辽宁	Liaoning	13004	323.2	4	10884	200.0	5
天津	Tianjin	12934	552.6	2	9612	389.2	3
山东	Shandong	22068	395.9	3	23121	505.2	2
内蒙古	Inner Mongolia	605	12.0	7	2656	142.7	7
河北	Hebei	3846	59.0	5	6956	184.3	6
山西	Shanxi	804	42.6	6	3104	234.1	4

9-19 长三角地区技术交易情况
Technology Trade Statistics of the Yangzi River Delta Region

地区	Region	输出技术 Technology Output			吸纳技术 Technology Adoption		
		合同数（项）Number of Contracts (item)	成交金额（亿元）Value of Contract Deals (100 million yuan)	排名 Ranking	合同数（项）Number of Contracts (item)	成交金额（亿元）Value of Contract Deals (100 million yuan)	排名 Ranking
合计	**Total**	**65081**	**1615.0**		**68079**	**1625.9**	
上海	Shanghai	20843	781.0	1	22589	432.0	2
江苏	Jiangsu	29430	635.6	2	27370	905.6	1
浙江	Zhejiang	14808	198.4	3	18120	288.3	3

9-20 珠三角地区技术交易情况
Technology Trade Statistics of the Pearl River Delta Region

地区	Region	输出技术 Technology Output			吸纳技术 Technology Adoption		
		合同数（项）Number of Contracts (item)	成交金额（亿元）Value of Contract Deals (100 million yuan)	排名 Ranking	合同数（项）Number of Contracts (item)	成交金额（亿元）Value of Contract Deals (100 million yuan)	排名 Ranking
合计	**Total**	**17205**	**756.7**		**25551**	**912.6**	
广东	Guangdong	17178	754.3	1	24833	792.6	1
香港	Hongkong	27	2.4	2	691	112.8	2
澳门	Macao			3	27	7.3	3

9-21 各地区国家技术转移示范机构法人构成情况

Distribution of Organization Type of National Technology Transfer Centers By Region

地　区	Region	机构总数（个） Number of National Technology Transfer Centers (unit)	企业法人（个） Number of Enterprises (unit)	事业法人（个） Number of Public Organizations (unit)	社团法人（个） Number of Social Organizations (unit)	民办非企业（个） Number of private non-enterprise organization (unit)	内设机构（个） Number of Internal Organs (unit)
合　计	**Total**	**453**	**154**	**125**	**3**	**15**	**156**
东部地区	Eastern Region	258	93	60	2	9	94
中部地区	Middle Region	60	21	20		1	18
西部地区	Western Region	97	31	36	1	5	24
东北地区	Northeast Region	38	9	9			20
北　京	Beijing	58	28	9		2	19
天　津	Tianjin	11	2	5			4
河　北	Hebei	13	3	3			7
山　西	Shanxi	6	1	4			1
内 蒙 古	Inner Mongolia	4	2			1	1
辽　宁	Liaoning	17	7	1			9
吉　林	Jiling	10	1	4			5
黑 龙 江	Heilongjiang	11	1	4			6
上　海	Shanghai	26	8	6	2		10
江　苏	Jiangsu	45	9	9			27
浙　江	Zhejiang	27	12	7		1	7
安　徽	Anhui	13	3	7			3
福　建	Fujian	11	5	2			4
江　西	Jiangxi	5	4				1
山　东	Shandong	32	17	6		2	7
河　南	Henan	7	4	3			
湖　北	Hubei	20	4	5		1	10
湖　南	Hunan	9	5	1			3
广　东	Guangdong	34	8	13		4	9
广　西	Guangxi	8	2	4		1	1
海　南	Hainan	1	1				
重　庆	Chongqing	8	1	5	1		1
四　川	Sichuan	22	7	5		3	7
贵　州	Guizhou	2	1				1
云　南	Yunnan	9	2	5			2
陕　西	Shaanxi	21	8	9			4
甘　肃	Gansu	9	5	3			1
青　海	Qinghai	3	1	2			
宁　夏	Ningxia	1					1
新　疆	Xinjiang	7	1	1			5
新疆兵团	Xinjiang Corps	3	1	2			

注：2016年，国家技术转移示范机构总数453家，其中上报统计数据445家，后表所列人员、促成技术转移和服务相关指标为445家机构的数据。西藏无国家技术转移示范机构，后同。

9-22 各地区国家技术转移示范机构人员构成情况

Personnel Statistics of National Technology Transfer Centers By Region

单位：人 (person)

地 区	Region	总人数 Total Number of Employees	大学本科及以上 With University Education and Above	中级职称及以上 With Mid-level Professional Titles and Above	技术经纪人 Number of private non-enterprise organization
合 计	**Total**	**40063**	**32897**	**21557**	**4123**
东部地区	Eastern Region	26382	21821	12913	2914
中部地区	Middle Region	3102	2497	1883	315
西部地区	Western Region	8483	6686	5125	655
东北地区	Northeast Region	2096	1893	1636	239
北 京	Beijing	6545	5268	3451	297
天 津	Tianjin	702	593	367	114
河 北	Hebei	492	446	399	47
山 西	Shanxi	177	143	134	21
内 蒙 古	Inner Mongolia	96	63	41	19
辽 宁	Liaoning	1084	984	897	94
吉 林	Jiling	506	483	432	74
黑 龙 江	Heilongjiang	506	426	307	71
上 海	Shanghai	3037	2556	1496	348
江 苏	Jiangsu	5729	4997	3195	467
浙 江	Zhejiang	2737	2284	849	675
安 徽	Anhui	418	376	329	98
福 建	Fujian	262	235	111	94
江 西	Jiangxi	194	176	150	18
山 东	Shandong	2399	1908	1313	281
河 南	Henan	466	402	308	58
湖 北	Hubei	1680	1240	867	75
湖 南	Hunan	167	160	95	45
广 东	Guangdong	4468	3529	1729	590
广 西	Guangxi	862	418	331	16
海 南	Hainan	11	5	3	1
重 庆	Chongqing	1119	993	808	77
四 川	Sichuan	1193	962	647	227
贵 州	Guizhou	52	47	39	3
云 南	Yunnan	503	419	348	31
陕 西	Shaanxi	1800	1539	1081	220
甘 肃	Gansu	1127	876	701	28
青 海	Qinghai	296	243	186	12
宁 夏	Ningxia	95	83	62	
新 疆	Xinjiang	1253	971	828	22
新疆兵团	Xinjiang Corps	87	72	53	

9-23 各地区国家技术转移示范机构促成技术转移情况

Technology Transfer Promotion Statistics of National Technology Transfer Centers By Region

单位：项 (item)

地区	Region	促成项目成交总数 Total Number of Projects Traded	战略性新兴产业项目成交数量 Number of Strategic Emerging Industry Projects	公共财政项目成交数量 Number of Public Financed Projects	国际技术转移项目成交数量 Number of International Technology Transfer Projects	重大技术转移项目成交数量 Number of Key Technology Transfer Projects
合　　计	**Total**	**131080**	**57929**	**19563**	**2536**	**3078**
东部地区	Eastern Region	71723	30771	11593	1944	1040
中部地区	Middle Region	13902	7197	2700	243	366
西部地区	Western Region	40821	18436	4354	206	1563
东北地区	Northeast Region	4634	1525	916	143	109
北　　京	Beijing	12944	5166	2203	569	385
天　　津	Tianjin	4611	1080	1028	64	54
河　　北	Hebei	2563	905	878	1	1
山　　西	Shanxi	862	271	34	1	81
内 蒙 古	Inner Mongolia	538	124	3	16	3
辽　　宁	Liaoning	2431	916	414	16	93
吉　　林	Jiling	1485	289	304	30	6
黑 龙 江	Heilongjiang	718	320	198	97	10
上　　海	Shanghai	5718	3175	1235	605	149
江　　苏	Jiangsu	19193	10163	2818	184	100
浙　　江	Zhejiang	4855	1438	453	114	119
安　　徽	Anhui	4600	2524	812	24	163
福　　建	Fujian	831	333	382	16	66
江　　西	Jiangxi	417	128	39		
山　　东	Shandong	7989	3430	1647	57	129
河　　南	Henan	648	231	97	3	7
湖　　北	Hubei	5529	3362	1592	185	88
湖　　南	Hunan	1846	681	126	30	27
广　　东	Guangdong	13014	5079	948	333	37
广　　西	Guangxi	1751	89	74	3	3
海　　南	Hainan	5	2	1	1	
重　　庆	Chongqing	1337	543	308	8	21
四　　川	Sichuan	6718	2698	700	51	194
贵　　州	Guizhou	323	45	47		
云　　南	Yunnan	912	261	343	7	8
陕　　西	Shaanxi	27792	14346	2690	81	1319
甘　　肃	Gansu	610	67	50	2	3
青　　海	Qinghai	254	209	43		2
宁　　夏	Ningxia	2	1			
新　　疆	Xinjiang	322	53	40	38	4
新疆兵团	Xinjiang Corps	262		56		6

9-23 续表 Continued

单位：千元 (1000yuan)

地区	Region	促成项目成交总数 Total Number of Projects Traded	战略性新兴产业项目成交数量 Number of Strategic Emerging Industry Projects	公共财政项目成交数量 Number of Public Financed Projects	国际技术转移项目成交数量 Number of International Technology Transfer Projects	重大技术转移项目成交数量 Number of Key Technology Transfer Projects
合计	**Total**	**262500374**	**107666346**	**44118688**	**21860223**	**103878450**
东部地区	Eastern Region	103409818	36918804	9552046	15230038	45529385
中部地区	Middle Region	31201390	6924420	3414036	494884	3247417
西部地区	Western Region	123391957	61670379	30005634	5998663	54399562
东北地区	Northeast Region	4497209	2152743	1146973	136638	702086
北京	Beijing	42001435	12078028	2564576	11793751	19978423
天津	Tianjin	3383083	1181113	544840	81925	2169229
河北	Hebei	837018	194047	128727	500	11000
山西	Shanxi	6363707	680744	14200	5182	561080
内蒙古	Inner Mongolia	653257	207090	8100	5800	231000
辽宁	Liaoning	1160521	608347	207042	28086	193398
吉林	Jiling	664775	272239	94078	21552	126000
黑龙江	Heilongjiang	2671913	1272157	845853	87000	382688
上海	Shanghai	20776454	2352761	1397312	1103460	18102510
江苏	Jiangsu	10036812	6708310	2585515	1050762	2347353
浙江	Zhejiang	3813944	2336497	391088	134753	896039
安徽	Anhui	16334751	2125704	277075	56618	1663984
福建	Fujian	679615	414176	272136	33553	227060
江西	Jiangxi	151630	84575	19707		
山东	Shandong	4888135	2296032	1064404	186163	1470394
河南	Henan	400732	182042	47418	17600	51000
湖北	Hubei	6837286	3130701	2844291	371103	662863
湖南	Hunan	1113285	720655	211345	44382	308490
广东	Guangdong	16991322	9357590	603419	845171	327377
广西	Guangxi	2393656	151716	9937	5040	10870
海南	Hainan	2000	250	30		
重庆	Chongqing	666768	294733	207630	23968	110603
四川	Sichuan	8943798	4427037	1117157	444667	2211386
贵州	Guizhou	83961	10876	20376		
云南	Yunnan	739017	509906	84126	1839	166826
陕西	Shaanxi	108741131	55978386	28438489	5505890	51516147
甘肃	Gansu	201353	27274	53860	1150	2000
青海	Qinghai	107685	42469	24622		40000
宁夏	Ningxia	302	302			
新疆	Xinjiang	129406.6	20590	24447	10310	3730
新疆兵团	Xinjiang Corps	731620		16890		107000

9-24 各地区国家技术转移示范机服务情况

Service Statistics of National Technology Transfer Centers By Region

地　　区	Region	组织交易活动（次）Number of Trading Activities Organized (item)	组织技术转移培训（次）Number of Technology Transfer Training Organized (item)	服务企业数量（家）Number of Served Enterprises (unit)	解决企业需求（项）Number of Solved Business Needs (item)
合　　计	**Total**	**17261**	**447272**	**385961**	**214282**
东部地区	Eastern Region	12576	283292	288048	144739
中部地区	Middle Region	1130	59373	35138	16787
西部地区	Western Region	2866	81739	54382	44874
东北地区	Northeast Region	689	22868	8393	7882
北　　京	Beijing	4152	77274	38912	21528
天　　津	Tianjin	398	5304	6783	3113
河　　北	Hebei	448	22840	2671	1270
山　　西	Shanxi	57	7969	995	868
内 蒙 古	Inner Mongolia	248	505	1893	172
辽　　宁	Liaoning	267	4506	2743	2488
吉　　林	Jiling	275	6360	2700	1959
黑 龙 江	Heilongjiang	147	12002	2950	3435
上　　海	Shanghai	1462	22143	29761	49842
江　　苏	Jiangsu	2599	31624	55431	28486
浙　　江	Zhejiang	1314	20848	20847	10721
安　　徽	Anhui	501	24513	19070	3494
福　　建	Fujian	196	5355	52360	1864
江　　西	Jiangxi	31	1246	1782	871
山　　东	Shandong	1305	51107	11398	6516
河　　南	Henan	123	9554	4512	2564
湖　　北	Hubei	337	10966	5742	5485
湖　　南	Hunan	81	5125	3037	3505
广　　东	Guangdong	700	46796	69851	21396
广　　西	Guangxi	207	1929	6518	1090
海　　南	Hainan	2	1	34	3
重　　庆	Chongqing	230	17551	11027	4217
四　　川	Sichuan	676	19860	13013	10679
贵　　州	Guizhou	52	437	708	696
云　　南	Yunnan	51	334	1082	410
陕　　西	Shaanxi	917	24331	14730	22846
甘　　肃	Gansu	333	6693	2119	3747
青　　海	Qinghai	90	1510	676	230
宁　　夏	Ningxia	4		25	10
新　　疆	Xinjiang	40	1504	627	467
新疆兵团	Xinjiang Corps	18	7085	1964	310

9-25 计划单列市国家技术转移示范机构法人构成情况
Distribution of Organization Type of National Technology Transfer Centers of the Cities Listed Independently in the State Plan

城　市	City	机构总数（个） Number of National Technology Transfer Centers (unit)	企业法人（个） Number of Enterprises (unit)	事业法人（个） Number of Public Organizations (unit)	社团法人（个） Number of Social Organizations (unit)	民办非企业（个） Number of private non-enterprise organization (unit)	内设机构（个） Number of Internal Organs (unit)
合　计	**Total**	**41**	**25**	**5**		**2**	**9**
大　连	Dalian	6	4				2
宁　波	Ningbo	6	3	1			2
厦　门	Xiamen	3	2				1
青　岛	Qingdao	13	11	1			1
深　圳	Shenzhen	13	5	3		2	3

9-26 计划单列市国家技术转移示范机构人员构成情况
Personnel Statistics of National Technology Transfer Centers of the Cities Listed Independently in the State Plan

单位：人 (person)

城　市	City	总人数 Total Number of Employees	大学本科及以上 With University Education and Above	中级职称及以上 With Mid-level Professional Titles and Above	技术经纪人 Number of private non-enterprise organization
合　计	**Total**	**1822**	**1602**	**1041**	**270**
大　连	Dalian	404	351	337	22
宁　波	Ningbo	288	261	188	55
厦　门	Xiamen	113	103	11	13
青　岛	Qingdao	476	441	328	145
深　圳	Shenzhen	541	446	177	35

9-27 计划单列市国家技术转移示范机构促成技术转移情况

Technology Transfer Promotion Statistics of National Technology Transfer Centers of the Cities Listed Independently in the State Plan

单位：项 (item)

城市 City	促成项目成交总数 Total Number of Projects Traded	战略性新兴产业项目成交数量 Number of Strategic Emerging Industry Projects	公共财政项目成交数量 Number of Public Financed Projects	国际技术转移项目成交数量 Number of International Technology Transfer Projects	重大技术转移项目成交数量 Number of Key Technology Transfer Projects
合 计 Total	**13640**	**6241**	**794**	**375**	**182**
大 连 Dalian	513	286	132	11	49
宁 波 Ningbo	707	231	72	24	22
厦 门 Xiamen	365	210	303	3	62
青 岛 Qingdao	2786	1628	96	13	35
深 圳 Shenzhen	9269	3886	191	324	14

9-27 续表 Continued

单位：千元 (1000yuan)

城市 City	促成项目成交总数 Total Number of Projects Traded	战略性新兴产业项目成交数量 Number of Strategic Emerging Industry Projects	公共财政项目成交数量 Number of Public Financed Projects	国际技术转移项目成交数量 Number of International Technology Transfer Projects	重大技术转移项目成交数量 Number of Key Technology Transfer Projects
合 计 Total	**19171559**	**10488391**	**879136**	**992520**	**1718599**
大 连 Dalian	364889	222883	77043	24336	47768
宁 波 Ningbo	571792	209536	92218	45100	332800
厦 门 Xiamen	301997	203487	238980	23000	181860
青 岛 Qingdao	2759874	1406252	338599	80887	963794
深 圳 Shenzhen	15173008	8446233	132297	819198	192377

9-28 计划单列市国家技术转移示范机服务情况
Service Statistics of National Technology Transfer Centers of the Cities Listed Independently in the State Plan

地　区 Region	组织交易活动（次） Number of Trading Activities Organized (item)	组织技术转移培训（次） Number of Technology Transfer Training Organized (item)	服务企业数量（家） Number of Served Enterprises (unit)	解决企业需求（项） Number of Solved Business Needs (item)
合　计 Total	**1156**	**16870**	**115173**	**12794**
大　连 Dalian	155	1206	721	600
宁　波 Ningbo	188	1265	4060	4061
厦　门 Xiamen	83	1516	50195	932
青　岛 Qingdao	484	8167	4821	1460
深　圳 Shenzhen	246	4716	55376	5741

第十部分

全国生产力促进中心

The Tenth Part

Productivity Promotion Centers (PPCS) in China

10-1 全国生产力促进中心主要经济指标

Main Economic Indicators of Productivity Promotion Centers (PPCs) in China

年 份 Year	中心总数 (个) Number of Productivity Promotion Centers (unit)	统计中心总数 (个) Number of Productivity Promotion Centers with Data (unit)	总资产 (亿元) Total Assets (100 million yuan)	服务企业总数 (万个) Total Number of Serviced Enterprises (10000 unit)	中心年总服务收入 (亿元) Total Service Income (100 million yuan)	为企业增加销售额 (亿元) Enterprises Sales Income Increased by PPCs Service (100 million yuan)	增加利税 (亿元) Profits and Taxes Added (100 million yuan)	为社会增加就业 (万人) Employment for Society Added (10000 person)
1998	254	254	13.5	1.9	2.2	177.0	18.0	5.7
1999	491	491	17.6	4.9	4.5	155.0	26.7	11.3
2000	581	581	27.8	3.4	8.9	388.0	57.0	28.0
2001	701	701	31.2	5.0	11.3	407.0	69.0	34.5
2002	865	797	61.4	7.8	10.3	300.0	45.0	48.1
2003	1071	977	67.0	6.5	13.6	477.0	66.0	150.2
2004	1218	1099	77.1	9.2	18.7	642.0	88.1	175.3
2005	1270	1193	90.6	9.7	18.4	1078.0	112.0	86.7
2006	1331	1237	109.9	10.3	24.8	752.0	107.0	108.9
2007	1425	1309	116.4	15.5	40.6	1299.0	193.6	110.6
2008	1532	1401	162.5	19.0	30.4	1202.0	175.5	134.1
2009	1808	1635	209.2	24.5	30.8	1796.8	208.2	165.8
2010	2032	1705	157.1	24.5	38.4	1578.6	203.9	165.6
2011	2274	1993	260.8	30.7	62.8	1918.2	284.0	180.0
2012	2281	1935	295.3	38.0	89.0	2535.2	341.7	186.2
2013	2581	2152	351.0	38.7	139.1	5282.8	397.1	193.8
2014	2599	2152	325.0	42.7	68.2	2480.7	447.1	153.8
2015	2688	1982	284.4	44.2	57.6	1794.4	275.0	127.9
2016	2508	1925	293.8	20.7	49.5	1321.8	192.3	109.4

注：2016年，全国生产力促进中心达到2508家，上报数据的生产力促进中心1925家，所有指标数据为1925家上报数据的生产力促进中心总体数据。

10-2 各省、自治区、直辖市生产力促进中心基本情况
General Statistics of Productivity Promotion Centers by Region

地 区	Region	入统中心个数（个） Number of Productivity Promotion Centers with Data (unit)	人员总数（人） Number of Employees (person)	总资产（千元） Total Assets (1000 yuan)	政府投入（千元） Govement Investment (1000 yuan)	年总服务收入（千元） Service Income of the Year (1000 yuan)	办公面积（平方米） Office Area (sq.m)
合 计	**Total**	**1925**	**24946**	**29383046**	**2435148**	**4954964**	**1699815**
东部地区	Eastern Region	610	10733	15534591	748253	2906366	788319
中部地区	Middle Region	487	5707	8958725	809540	746099	429055
西部地区	Western Region	641	6741	4324847	816317	960557	366229
东北地区	Northeast Region	187	1765	564883	61038	341942	116213
北 京	Beijing	10	525	3327021	69387	97507	33701
天 津	Tianjin	153	2063	1612930	34324	309816	111181
河 北	Hebei	90	1034	497066	31481	455285	25244
山 西	Shanxi	67	594	209474	23674	30981	13980
内 蒙 古	Inner Mongolia	96	754	455689	41504	22102	25796
辽 宁	Liaoning	66	792	162694	29726	41261	47631
吉 林	Jiling	11	184	93543	19655	22760	6695
黑 龙 江	Heilongjiang	110	789	308646	11657	277921	61887
上 海	Shanghai	6	109	74867	2000	18596	7725
江 苏	Jiangsu	32	789	1123440	124353	79395	36191
浙 江	Zhejiang	81	1359	2425384	26977	182931	114923
安 徽	Anhui	118	1738	1868688	23963	287704	116965
福 建	Fujian	80	886	973083	131956	44276	57619
江 西	Jiangxi	143	1398	1089332	64174	79411	81368
山 东	Shandong	52	602	613975	113977	95373	47658
河 南	Henan	32	449	535202	16817	87880	71363
湖 北	Hubei	84	1037	4879749	607415	150422	82705
湖 南	Hunan	43	491	376280	73498	109703	62674
广 东	Guangdong	106	3366	4886826	213798	1623187	354077
广 西	Guangxi	71	721	634152	66931	73265	20301
海 南	Hainan						
重 庆	Chongqing	47	509	193196	39141	63470	42942
四 川	Sichuan	131	891	473505	328924	269153	30852
贵 州	Guizhou	44	397	226669	33562	27094	15231
云 南	Yunnan	2	68	95259	73101	51196	2510
西 藏	Tibet	3	22	11508	500		
陕 西	Shaanxi	75	982	1036306	92794	105478	46572
甘 肃	Gansu	89	1290	398134	48883	65160	80987
青 海	Qinghai	4	67	106646	7501	6276	3221
宁 夏	Ningxia	5	88	33357	20457	46	9730
新 疆	Xinjiang	73	928	639700	57000	274640	86126
新疆兵团	Xinjiang Corps	1	24	20729	6020	2678	1960

10-3 各省、自治区、直辖市生产力促进中心服务情况

Service Statistics of Productivity Promotion Centers By Region

地　区	Region	咨询服务项　次（项次）Consultation Service (item time)	提供信息条　数（条）Information Provided (piece)	技术服务项　次（项次）Technological Service (item time)	培训服务人　次（人次）Training Service (person time)	中介服务项　次（项次）Intermediary Service (item time)	孵化企业服　务（个）Incubation Service (unit)
合　计	**Total**	**107626**	**37129201**	**412451**	**1781844**	**23521**	**21388**
东部地区	Eastern Region	50688	31541784	387672	705504	7906	7822
中部地区	Middle Region	21097	2251979	12499	288417	8373	3496
西部地区	Western Region	23678	2354904	10514	723258	3815	7111
东北地区	Northeast Region	12163	980534	1766	64665	3427	2959
北　京	Beijing	1145	187660	817	5760	298	56
天　津	Tianjin	8951	7366000	2537	41753	3261	2775
河　北	Hebei	4449	1521800	2257	78969	1605	1177
山　西	Shanxi	1095	125795	817	56655	1899	253
内蒙古	Inner Mongolia	1256	624126	621	128376	621	271
辽　宁	Liaoning	4288	879546	1074	36186	573	391
吉　林	Jiling	3625	46108	212	7330	2474	1717
黑龙江	Heilongjiang	4250	54880	480	21149	380	851
上　海	Shanghai	11	65	28	752	1	
江　苏	Jiangsu	12832	303937	4469	45438	1004	1472
浙　江	Zhejiang	2000	20586357	2293	42614	393	859
安　徽	Anhui	9411	328733	3950	53651	3255	741
福　建	Fujian	3402	786246	1568	94675	304	626
江　西	Jiangxi	3891	177532	1708	59626	1233	903
山　东	Shandong	3104	579050	2838	301510	730	516
河　南	Henan	2964	1455957	2898	75409	423	565
湖　北	Hubei	2525	106092	2130	27415	577	480
湖　南	Hunan	1211	57870	996	15661	986	554
广　东	Guangdong	14794	210669	370865	94033	310	341
广　西	Guangxi	1438	919861	391	48292	312	134
海　南	Hainan						
重　庆	Chongqing	1458	28940	704	16538	393	1319
四　川	Sichuan	8314	170953	1854	99342	920	2862
贵　州	Guizhou	3261	24615	814	8164	209	484
云　南	Yunnan	477	11018	144	5862	259	261
西　藏	Tibet	14		9	2418	3	
陕　西	Shaanxi	4602	321792	4427	314995	248	761
甘　肃	Gansu	899	66180	464	53545	391	236
青　海	Qinghai	623	849	201	2278	17	432
宁　夏	Ningxia	200	5922	19	3383	12	44
新　疆	Xinjiang	823	180148	635	33630	308	255
新疆兵团	Xinjiang Corps	313	500	231	6435	122	52

10-4 各省、自治区、直辖市生产力促进中心人员情况
Personnel Statistics of Productivity Promotion Centers by Region

单位：人 (person)

地区	Region	人员数 Number of Employees	博士 Doctor	硕士 Master	学士 Bachelor	大专及以上 College and Higher Level
合计	**Total**	**24946**	**680**	**3641**	**12861**	**23370**
东部地区	Eastern Region	10733	375	1867	5640	9935
中部地区	Middle Region	5707	161	763	2857	5422
西部地区	Westren Region	6741	92	706	3296	6290
东北地区	Northeast Region	1765	52	305	1068	1723
北京	Beijing	525	47	172	274	515
天津	Tianjin	2063	49	327	1249	1995
河北	Hebei	1034	7	64	588	960
山西	Shanxi	594	25	62	288	562
内蒙古	Inner Mongolia	754	27	74	354	702
辽宁	Liaoning	792	25	179	490	785
吉林	Jilin	184	7	32	108	178
黑龙江	Heilongjiang	789	20	94	470	760
上海	Shanghai	109	1	28	68	108
江苏	Jiangsu	789	10	200	442	762
浙江	Zhejiang	1359	61	195	613	1174
安徽	Anhui	1738	29	198	990	1657
福建	Fujian	886	36	105	417	802
江西	Jiangxi	1398	54	176	592	1310
山东	Shandong	602	5	109	279	565
河南	Henan	449	6	47	243	432
湖北	Hubei	1037	41	218	494	998
湖南	Hunan	491	6	62	250	463
广东	Guangdong	3366	159	667	1710	3054
广西	Guangxi	721	2	71	289	644
海南	Hainan					
重庆	Chongqing	509	7	83	238	467
四川	Sichuan	891	14	93	424	860
贵州	Guizhou	397	1	31	258	375
云南	Yunnan	68		12	50	65
西藏	Tibet	22		4	9	21
陕西	Shaanxi	982	14	88	496	908
甘肃	Gansu	1290	20	136	608	1200
青海	Qinghai	67		5	47	62
宁夏	Ningxia	88		28	20	88
新疆	Xinjiang	928	6	79	496	875
新疆兵团	Xinjiang Corps	24	1	2	7	23

10-5 各省、自治区、直辖市生产力促进中心服务业绩情况
Service Achievements of Productivity Promotion Centers by Region

地区	Region	服务企业数量（个）Number of Enterprises Served (unit)	为企业增加销售额（千元）Enterprises Sales Income Increased by PPCs Service (1000 yuan)	增加利税（千元）Profits and Taxes Added (1000 yuan)	为社会增加就业（人）Employment Added (person)	中心总服务收入（千元）Total Service Income (1000 yuan)
合　计	**Total**	**207159**	**132180418**	**19233308**	**1093807**	**4954964**
东部地区	Eastern Region	115731	47005177	5855283	389862	2906366
中部地区	Middle Region	37442	49471107	6416635	373943	746099
西部地区	Westren Region	37819	23721767	3393881	252862	960557
东北地区	Northeast Region	16167	11982367	3567509	77140	341942
北　京	Beijing	4182	1598700	245580	11081	97507
天　津	Tianjin	18638	5089360	677472	77684	309816
河　北	Hebei	5846	7246660	618792	62290	455285
山　西	Shanxi	4059	498203	136406	27678	30981
内蒙古	Inner Mongolia	4967	305488	42079	8730	22102
辽　宁	Liaoning	8809	9948082	3189495	36825	41261
吉　林	Jilin	3085	1112085	167406	8760	22760
黑龙江	Heilongjiang	4273	922200	210608	31555	277921
上　海	Shanghai	43				18596
江　苏	Jiangsu	15612	18384772	2274853	69187	79395
浙　江	Zhejiang	7105	2696346	456562	41854	182931
安　徽	Anhui	13730	9000214	1414403	80679	287704
福　建	Fujian	6080	2216502	315485	40787	44276
江　西	Jiangxi	5545	17208794	2172616	116360	79411
山　东	Shandong	8130	6981583	793370	46350	95373
河　南	Henan	5788	5318610	738286	79620	87880
湖　北	Hubei	4841	14952175	1770769	45997	150422
湖　南	Hunan	3479	2493111	184155	23609	109703
广　东	Guangdong	50095	2791254	473169	40629	1623187
广　西	Guangxi	1284	241212	56770	6877	73265
海　南	Hainan					
重　庆	Chongqing	4210	3820084	439941	24622	63470
四　川	Sichuan	6266	10584804	1574801	94858	269153
贵　州	Guizhou	4521	1022197	159904	9062	27094
云　南	Yunnan	904	2562623	113343	2944	51196
西　藏	Tibet	45				
陕　西	Shaanxi	9446	2010801	243564	62526	105478
甘　肃	Gansu	1849	2485625	668496	24566	65160
青　海	Qinghai	695	24668	6227	1481	6276
宁　夏	Ningxia	185	230	31	192	46
新　疆	Xinjiang	2632	638166	75470	14995	274640
新疆兵团	Xinjiang Corps	815	25869	13256	2009	2678

10-6 各省、自治区、直辖市国家级示范生产力促进中心基本情况
General Statistics of State Level Model Productivity Promotion Centers by Region

地 区	Region	入统中心个数（个）Number of Productivity Promotion Centers with Data (unit)	人员总数（人）Number of Employees (person)	总资产（千元）Total Assets (1000 yuan)	政府投入（千元）Govement Investment (1000 yuan)	年总服务收入（千元）Service Income of the Year (1000 yuan)	办公面积（平方米）Office Area (sq.m)
合 计	**Total**	**231**	**8670**	**8468242**	**1191762**	**1252942**	**780151**
东部地区	Eastern Region	84	3801	4269075	391297	662465	407874
中部地区	Middle Region	45	1587	2753252	165290	252910	147426
西部地区	Westren Region	67	2160	1158940	586705	247765	167077
东北地区	Northeast Region	35	1122	286976	48471	89801	57774
北 京	Beijing	7	278	118162	23687	92851	6199
天 津	Tianjin	6	161	97904	4202	27382	18967
河 北	Hebei	17	502	426397	21644	137579	17400
山 西	Shanxi	7	306	41321	5377	3501	6573
内蒙古	Inner Mongolia	5	123	105480	16267	4582	16878
辽 宁	Liaoning	20	609	148559	25700	38439	38558
吉 林	Jilin	3	129	56392	12774	21088	5695
黑龙江	Heilongjiang	12	384	82025	9997	30274	13521
上 海	Shanghai	1		19911			
江 苏	Jiangsu	17	655	1045899	103553	73431	30472
浙 江	Zhejiang	9	443	674352	16485	95903	51031
安 徽	Anhui	7	205	255239	8633	21750	29248
福 建	Fujian	11	491	814992	120612	34110	35417
江 西	Jiangxi	6	341	112201	29745	24349	13005
山 东	Shandong	10	256	462423	87296	40193	25207
河 南	Henan	10	276	240180	14732	80412	36134
湖 北	Hubei	8	236	1973037	89510	37480	19235
湖 南	Hunan	7	223	131275	17293	85418	43231
广 东	Guangdong	6	1015	609034	13818	161015	223181
广 西	Guangxi	6	247	108171	25214	1981	6499
海 南	Hainan						
重 庆	Chongqing	8	205	95792	15936	23095	22964
四 川	Sichuan	7	290	65975	259964	21634	7630
贵 州	Guizhou	5	110	66083	29344	6751	8337
云 南	Yunnan	2	68	95259	73101	51196	2510
西 藏	Tibet	1	15	7008			
陕 西	Shaanxi	14	505	250059	69508	59850	36531
甘 肃	Gansu	5	163	37448	17990	4290	28105
青 海	Qinghai	2	54	95352	6971	5628	1861
宁 夏	Ningxia	2	72	31818	20407	46	9450
新 疆	Xinjiang	9	284	179766	45983	66035	24353
新疆兵团	Xinjiang Corps	1	24	20729	6020	2678	1960

10-7 各省、自治区、直辖市国家级生产力促进中心服务情况
Service Statistics of State Level Productivity Promotion Centers by Region

地区	Region	咨询服务项次（项次）Consultation Service (item time)	提供信息条数（条）Information Provided (piece)	技术服务项次（项次）Technological Service (item time)	培训服务人次（人次）Training Service (person time)	中介服务项次（项次）Intermediary Service (item time)	孵化企业服务（个）Incubation Service (unit)
合计	**Total**	**82053**	**6629952**	**41507**	**910560**	**12218**	**14554**
东部地区	Eastern Region	37903	2348602	24015	501489	3654	4576
中部地区	Middle Region	13659	1791411	8537	126386	4079	1975
西部地区	Westren Region	18622	1531194	7273	229025	1419	5205
东北地区	Northeast Region	11869	958745	1682	53660	3066	2798
北京	Beijing	1131	76960	803	4763	291	54
天津	Tianjin	4444	9397	794	6061	384	1144
河北	Hebei	3925	564815	1993	45601	1179	710
山西	Shanxi	1004	96588	743	25806	1775	178
内蒙古	Inner Mongolia	626	299755	374	75725	121	141
辽宁	Liaoning	4167	878227	1041	33299	565	369
吉林	Jilin	3576	41508	209	5820	2267	1713
黑龙江	Heilongjiang	4126	39010	432	14541	234	716
上海	Shanghai						
江苏	Jiangsu	12551	224059	4305	38814	692	1020
浙江	Zhejiang	1699	117716	1881	12526	285	801
安徽	Anhui	4215	76317	1150	7333	459	200
福建	Fujian	2691	759316	1379	78852	154	378
江西	Jiangxi	2303	101735	1058	8177	304	487
山东	Shandong	2721	551428	2631	282790	497	328
河南	Henan	2948	1436329	2860	71913	390	428
湖北	Hubei	2155	47949	1824	5229	325	217
湖南	Hunan	1034	32493	902	7928	826	465
广东	Guangdong	8741	44911	10229	32082	172	141
广西	Guangxi	1074	866722	171	17296	16	38
海南	Hainan						
重庆	Chongqing	1129	15671	144	3610	119	605
四川	Sichuan	6655	103354	1000	22653	249	2497
贵州	Guizhou	2683	19282	687	3046	124	338
云南	Yunnan	477	11018	144	5862	259	261
西藏	Tibet	10		9	2418	3	
陕西	Shaanxi	4458	72421	4134	64292	135	685
甘肃	Gansu	409	10134	166	12094	188	33
青海	Qinghai	331	725	121	1870	6	426
宁夏	Ningxia	200	5814	15	1571		20
新疆	Xinjiang	257	125798	77	12153	77	109
新疆兵团	Xinjiang Corps	313	500	231	6435	122	52

10-8 各省、自治区、直辖市国家级生产力促进中心人员情况
Personnel Statistics of State Level Productivity Promotion Centers by Region

单位：人 (person)

地 区	Region	人员数 Number of Employees	博士 Doctor	硕士 Master	学士 Bachelor	大专及以上 College and Higher Level
合 计	**Total**	**8670**	**182**	**1479**	**5270**	**8282**
东部地区	Eastern Region	3801	85	665	2266	3556
中部地区	Middle Region	1587	31	241	967	1544
西部地区	Westren Region	2160	32	328	1307	2080
东北地区	Northeast Region	1122	34	245	730	1102
北 京	Beijing	278	17	104	136	273
天 津	Tianjin	161	3	35	86	150
河 北	Hebei	502	6	32	358	478
山 西	Shanxi	306	23	52	187	301
内蒙古	Inner Mongolia	123		22	76	121
辽 宁	Liaoning	609	21	165	380	604
吉 林	Jilin	129	7	27	87	128
黑龙江	Heilongjiang	384	6	53	263	370
上 海	Shanghai					
江 苏	Jiangsu	655	10	187	351	633
浙 江	Zhejiang	443	13	84	206	367
安 徽	Anhui	205	3	29	149	203
福 建	Fujian	491	16	68	277	448
江 西	Jiangxi	341		52	171	326
山 东	Shandong	256	2	46	124	245
河 南	Henan	276	2	28	159	267
湖 北	Hubei	236	2	40	158	231
湖 南	Hunan	223	1	40	143	216
广 东	Guangdong	1015	18	109	728	962
广 西	Guangxi	247	2	41	117	234
海 南	Hainan					
重 庆	Chongqing	205	2	40	115	191
四 川	Sichuan	290	14	55	179	285
贵 州	Guizhou	110		7	92	109
云 南	Yunnan	68		12	50	65
西 藏	Tibet	15		3	5	14
陕 西	Shaanxi	505	12	58	323	482
甘 肃	Gansu	163		13	107	160
青 海	Qinghai	54		5	38	52
宁 夏	Ningxia	72		28	17	72
新 疆	Xinjiang	284	1	42	181	272
新疆兵团	Xinjiang Corps	24	1	2	7	23

10-9 各省、自治区、直辖市国家级生产力促进中心服务业绩情况
Service Achievements of State Level Productivity Promotion Centers by Region

地区	Region	服务企业数量（个）Number of Enterprises Served (unit)	为企业增加销售额（千元）Enterprises Sales Income Increased by PPCs Service (1000 yuan)	增加利税（千元）Profits and Taxes Added (1000 yuan)	为社会增加就业（人）Employment Added (person)	中心总服务收入（千元）Total Service Income (1000 yuan)
合计	**Total**	**131124**	**75744605**	**11343508**	**453423**	**1252942**
东部地区	Eastern Region	64687	33534045	4179184	143131	662465
中部地区	Middle Region	23568	18507853	2563255	125515	252910
西部地区	Westren Region	27359	12323445	1166245	141562	247765
东北地区	Northeast Region	15510	11379262	3434824	43215	89801
北京	Beijing	4135	1562100	234880	7286	92851
天津	Tianjin	6468	1209608	259940	4174	27382
河北	Hebei	4536	4295793	479955	47477	137579
山西	Shanxi	3756	253614	28820	16342	3501
内蒙古	Inner Mongolia	3887	166556	19018	3221	4582
辽宁	Liaoning	8555	9847507	3154682	32355	38439
吉林	Jilin	3030	1101653	164373	5019	21088
黑龙江	Heilongjiang	3925	430102	115769	5841	30274
上海	Shanghai					
江苏	Jiangsu	14601	16401396	2019910	25758	73431
浙江	Zhejiang	6096	1149517	148506	24707	95903
安徽	Anhui	5437	2224148	418187	16941	21750
福建	Fujian	4677	1882054	237434	6341	34110
江西	Jiangxi	2819	2048987	259483	9093	24349
山东	Shandong	6825	5748266	618337	23108	40193
河南	Henan	5285	4779645	705219	63037	80412
湖北	Hubei	3182	8249659	1068300	10344	37480
湖南	Hunan	3089	951800	83246	9758	85418
广东	Guangdong	17349	1285311	180223	4280	161015
广西	Guangxi	810	54098	31067	1362	1981
海南	Hainan					
重庆	Chongqing	2195	567135	84211	13524	23095
四川	Sichuan	4282	6040005	564904	49756	21634
贵州	Guizhou	3543	607686	76016	5168	6751
云南	Yunnan	904	2562623	113343	2944	51196
西藏	Tibet	32				
陕西	Shaanxi	8817	1614131	185348	51078	59850
甘肃	Gansu	583	235437	25753	6344	4290
青海	Qinghai	558	19268	6002	1336	5628
宁夏	Ningxia	116				46
新疆	Xinjiang	817	430637	47327	4820	66035
新疆兵团	Xinjiang Corps	815	25869	13256	2009	2678

第十一部分

主要指标解释

The Eleventh Part

Explanatory Notes on Main Indicators

主要指标解释

工业总产值：指工业企业在报告期内生产的以货币形式表现的工业最终产品和提供工业劳务活动的总价值量。由本期生产成品价值、对外加工费收入、自制半成品在制品期末期初差额价值。

本期生产成品价值：指企业在报告期生产，经检验合格的已销售和准备销售的全部工业成品（半成品）价值合计。成品价值中包括企业生产的自制设备及提供给本企业在建工程、其他非工业部门和生活福利部门等单位使用的成品价值，但不包括用订货者来料加工的成品（半成品）价值。

对外加工费收入：指企业在报告期完成的对外承做的工业品加工（包括用订货者来料加工生产）的加工费收入和对外工业品修理作业所收取的加工费收入和对内非工业部门提供的加工修理、设备安装等收入。对外加工费收入中不包括销项税额。

自制半成品在制品期末期初差额价值：为了使工业总产值与工业中间投入中的物耗价值一致，以便同口径地计算工业增加值，规定本指标的计算原则是：凡是企业会计产品成本核算中计算半成品、在制品成本，则工业总产值中必须包括自制半成品在制品期末期初差额价值。反之亦然。

营业收入：指企业经营主要业务和其他业务所确认的收入总额。营业收入合计包括“主营业务收入”和“其他业务收入”。

技术收入：指企业全年用于技术转让、技术承包、技术咨询与服务、技术入股、中试产品收入以及接受外单位委托的科研收入等。

产品销售收入：指企业全年销售全部产成品、自制半成品和提供劳务等所取得的收入。

商品销售收入：指企业销售以出售为目的而购入的非本企业生产产品的销售收入。

实际上缴税费总额：指企业实际上缴的各项税金、特种基金和附加费等。

流动资产：指企业可以在一年内或者超过一年的一个生产周期内变现或者耗用的资产，包括现金及各种存款、短期投资，应收及预付款项、存货等。

年末资产：指企业在报告年末拥有或控制的能以货币计量的经济资源，包括各种财产、债权和其他权利。资产按其流动性（即资产的变现能力和支付能力）划分为：流动资产、长期投资、固定资产、无形资产、递延资产和其他资产。

年末负债：按会计报表的流动负债与长期负债之和填写。

年末从业人员数：指在报告期末，在企业中从事劳动并取得劳动报酬或经营收入的全部劳动力。

科技活动人员合计：指企业内部直接参加科技项目以及项目的管理人员和直接服务的人员。不包括全年累计从事科技活动时间不足制度工作时间10%的人员。

科技活动经费内部支出：指报告年内用于科技活动的实际支出，包括劳务费、科研业务费、科研管理费，非基建投资构建的固定资产、科研基建支出以及其他用于科技活动的支出。不包括生产性活动支出、归还贷款支出及转拨外单位支出。反映科技投入实际完成情况。

R&D 经费内部支出：指调查单位在报告年度用于内部开展 R&D 活动的实际支出。包括用于 R&D 项目（课题）活动的直接支出，以及间接用于 R&D 活动的管理费、服务费、与 R&D 有关的基本建设支出以及外协加工费等。不包括生产性活动支出、归还贷款支出以及与外单位合作或委托外单位进行 R&D 活动而转拨给对方的经费支出。

发明专利：指对产品、方法或者其改进所提出的新的技术方案。是国际通行的反映拥有自主知识产权技术的核心指标。

Explanatory Notes On Main Indicators

Gross Industrial Output Value refers to the total volume of final industrial products produced and industrial services provided during a given period in monetary terms. Gross industrial output value is composed of value of the finished products during the reference period, income from processing for external parties, and value of change in semi-finished products between the end and the beginning of the reference period.

Value of finished products during the reference period refers to the value of all finished (semi-finished) industrial products that are produced during the reference period, checked for acceptance, and sold or ready to sell, including the value of own-produced equipment and the value of products provided to the projects under construction of the enterprise, and to other non-industrial or welfare units, but excluding the value of finished products (semi-finished products) that are produced using the materials from the clients who place the orders.

Income from external processing refers to income from contracted external processing of industrial products (including processing of industrial products using materials from the clients), the income from industrial repairing work provided to other parties, and income from processing, repairing, installation of equipment provided to non-industrial units within the enterprises. Income from external processing does not include value-added tax.

Value of change in semi-finished products between the end and the beginning of the reference period is calculated according to the principle that if the enterprise accounting includes the cost of semi-finished products, then the value of change should be included in the gross industrial output value, and vice versa. This is to keep the value of goods consumption of gross industrial output value and that of industrial intermediate inputs the same, so that the industrial added value is calculated in the same caliber.

Operating Revenue refers to the sum of various incomes from main business and other operations. It is consisted of "revenue from principal business" and "revenue from other business".

Technology Income refers to income of enterprises from technology transfer, technology contract, technology consultation and service, technology investment, pilot product sale and income from scientific research entrusted by other units over the year.

Income of Product Sales refers to income from sales of all finished products, self-made semi-finished products and income of services provided by enterprises over the year.

Income of Commodity Sales refers to sales income from products purchased by enterprises for the purpose of sale and not produced by enterprises themselves.

Total Taxes and Fees Actually Submitted refer to various taxes, special funds and extra charges actually submitted by enterprises.

Current Assets refer to assets that can be cashed or disposed of in one year or one production period of more than one year, including cash and various deposits, short-term investment, accounts receivable or in advance payment, and inventory etc.

Assets by the end of Year refer to the economic resources that can be calculated in monetary terms held or controlled by enterprises by the end of the reference year, including property in various forms, creditor's rights and other rights. Assets are divided into the following categories according to its liquidity (i. e., cashability and capacity to pay): current assets, long-term investments, fixed assets, intangible assets, deferred assets and other assets.

Liabilities by the end of Year refers to the sum of current liabilities and long-term liabilities in the financial statement.

Number of Employed Personnel by the end of Year refers to the number of all the labor force who is engaged in gainful employment in tenant enterprises and thus receive remuneration payment or earn business income by the end of the reference year.

Total Number of Personnel Engaged in Science and Technology Activities refers to the number of personnel in the enterprises who are directly engaged in implementation of S&T projects or management of and direct services to the projects. Excluding the personnel who commit less than 10% of their work time to S&T activities accumulatively over the year.

Intramural Expenditures on Science and Technology Activities refer to the real expenditure of surveyed units on their own S&T activities including expenditure on labor, scientific research, management of scientific research, fixed assets excluding capital construction, expenditure on infrastructure for scientific research activities and other expenditure on S&T activities. Excluding the expenditure on production activities, return of loan, and fees transferred to cooperated and entrusted agencies. This indicator reflects the actual completion status of S&T input.

Intramural Expenditure of Funds on R&D refers to the real expenditure of surveyed units on their own R&D activities including direct expenditure on R&D activities in projects, indirect expenditure of management and services on R&D activities, expenditure on capital construction and material processing by others. Excluding the expenditure on production activities, return of loan, and fees transferred to cooperated and entrusted agencies on R&D activities.

Patented Inventions refer to new technical proposals to the products or methods or their modifications. This is universal core indicator reflecting the technologies with independent intellectual property.